Isis Mengel

Lesen trainieren mit dem Schulhund

Sicherheit und Motivation durch die Unterstützung auf vier Pfoten

Wir haben uns für die Schreibweise mit dem Sternchen entschieden, damit sich Frauen, Männer und alle Menschen, die sich anders bezeichnen, gleichermaßen angesprochen fühlen. Aus Gründen der besseren Lesbarkeit für die Schüler*innen verwenden wir in den Kopiervorlagen das generische Maskulinum. Bitte beachten Sie jedoch, dass wir in Fremdtexten anderer Rechtegeber*innen die Schreibweise der Originaltexte belassen mussten.

In diesem Werk sind nach dem MarkenG geschützte Marken und sonstige Kennzeichen für eine bessere Lesbarkeit nicht besonders kenntlich gemacht. Es kann also aus dem Fehlen eines entsprechenden Hinweises nicht geschlossen werden, dass es sich um einen freien Warennamen handelt.

1. Auflage 2024

Autor*innen: Isis Mengel
Covergestaltung: julaila-design – Julia Niedermeier, München
Umschlagfoto: Fabian Rosin
Illustrationen: Corina Beurenmeister
Satz: Satzpunkt Ursula Ewert GmbH, Bayreuth
Druck und Bindung: Korrekt Nyomdaipari Kft.
ISBN 978-3-403-**08758**-8

www.auer-verlag.de

Inhaltsverzeichnis

Lesetraining mit dem Hund

Lesen ist eine wichtige Basis für das schulische Lernen und den schulischen Erfolg. Außerdem ist es essenziell für die gesellschaftliche Teilhabe.
Allerdings gelingt nicht allen Kindern das Lesen ohne Probleme und zusätzliche Unterstützung. Für sie ist es mit großer Anstrengung, negativen Erfahrungen und somit Hemmungen und Ängsten verbunden, was zu einem negativen Leseselbstkonzept führen kann. Sowohl in der IGLU- als auch in der NOVARA-Studie wurde deutlich, dass die Leseleistung eng mit eben diesem Leseselbstkonzept verknüpft ist.
Um Hemmungen und Ängste zu vermeiden oder abzubauen und die Lesekompetenz zu steigern, ist es notwendig Situationen zu schaffen, die positive Erfahrungen ermöglichen, Leseinteresse wecken und die Lesemotivation steigern.
Die Anwesenheit und Einbindung eines Hundes kann das Lesetraining zu einem positiven und angenehmen Erlebnis machen, das die Lernfortschritte der Kinder unterstützt. Durch die Bindung zum Hund und die Interaktion mit dem Hund erfolgt eine positive Verknüpfung des Lernprozesses. Die Freude, die in der Interaktion mit dem Hund empfunden wird, überträgt sich auf die eher unangenehm empfundene Tätigkeit* und der Stress und die Ängste werden abgebaut. So entwickeln die Kinder beim Lesetraining mit dem Hund eine implizite Motivation.
Auch das Selbstwirksamkeitserleben wird durch den Hund gestärkt, indem die Kinder positive Verstärkung und emotionale Unterstützung erfahren. Die emotionale Unterstützung des Hundes ermöglicht den Kindern beim Lesen zu entspannen und sich wohlzufühlen, wodurch Ängste und Unsicherheiten abgebaut werden und das Selbstvertrauen gestärkt wird. Die sofortige Rückmeldung durch den Hund in Form von Zuneigung und Zustimmung stärkt das Vertrauen in die eigenen Fähigkeiten und führt zu einer positiven Grundhaltung dem Lesen gegenüber.
Der positive Kontext, der durch den Hund geschaffen wird, hat ebenfalls Einfluss auf die exekutiven Funktionen. Auch die Konzentration und die Anstrengungsbereitschaft werden durch die Interaktion mit dem Hund gesteigert.
Durch die gemeinsame Interessenbasis und die gemeinsame Interaktion mit dem Hund werden außerdem Gesprächsanlässe geschaffen. Die Kinder können sich über ihre Erfahrungen beim Lesetraining mit dem Hund austauschen. Die Einbindung des Hundes trägt auch dazu bei, die Anschlusskommunikation zu fördern. Die Kinder können durch den Hund ermutigt werden, über das Gelesene zu reflektieren, Fragen zu stellen, Meinungen und Ideen auszutauschen.

* vgl. Beetz, Andrea, Meike Heyer: Leseförderung mit Hund. Grundlagen und Praxis. München. 2014. S. 11.

Modell der Wirkung des Hundes im Lesetraining

Das folgende Modell gibt einen Überblick über die Wirkung und den Einfluss des Hundes im Rahmen des Lesetrainings. Als strukturelle Grundlage für das Modell dient das Mehrebenenmodell von Rosebrock und Nix*.
Wie auch bei Rosebrock und Nix werden die Prozess- und die Subjektebene einbezogen. Die dritte Ebene bezieht sich, anders als bei Rosebrock und Nix, auf den Rahmen und den Kontext. Alle drei Ebenen sind eng miteinander verknüpft, bedingen und beeinflussen sich gegenseitig.

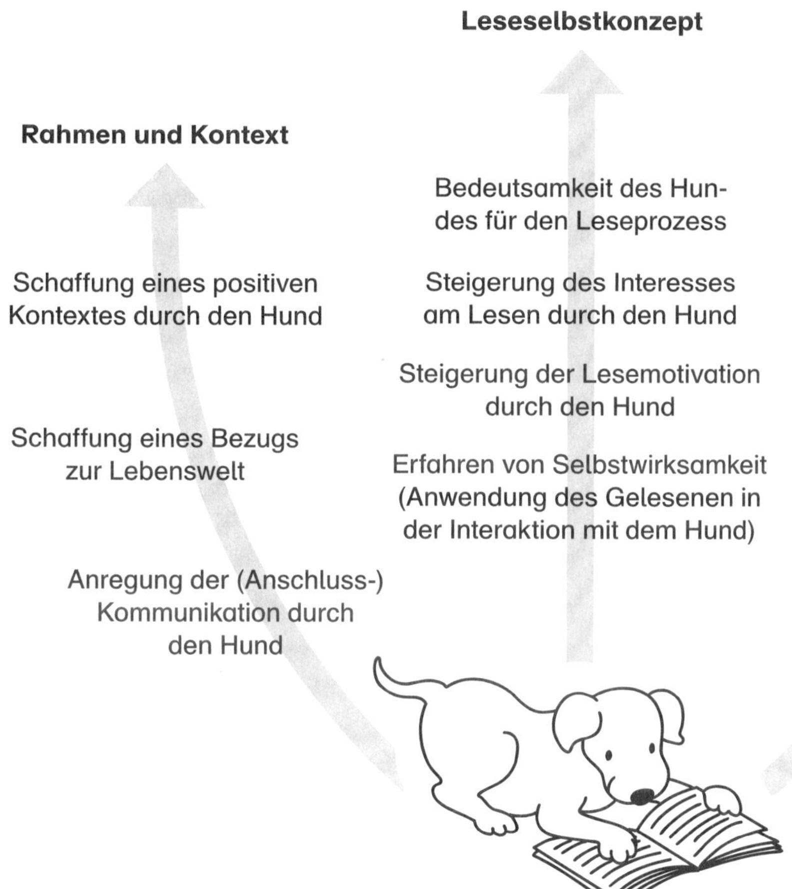

Leseselbstkonzept

Rahmen und Kontext

Leseprozess

Bedeutsamkeit des Hundes für den Leseprozess

Schaffung eines positiven Kontextes durch den Hund

Steigerung des Interesses am Lesen durch den Hund

Hund als Begleiter und Trainer

Steigerung der Lesemotivation durch den Hund

Schaffung eines Bezugs zur Lebenswelt

Methodenvielfalt durch den Hund

Erfahren von Selbstwirksamkeit (Anwendung des Gelesenen in der Interaktion mit dem Hund)

Anregung der (Anschluss-) Kommunikation durch den Hund

erfahrungsgeleitetes Lernen

Einsatzformen des Hundes im Lesetraining

Die aktuelle Literatur zur Leseförderung mit Hund thematisiert vorwiegend zwei Ansätze. Zum einen das Vorlesen für den Hund und zum anderen die hundegestützte Leseförderung in Kleingruppen- oder Einzelförderung.
Dieses Buch verfolgt einen umfassenderen Ansatz, der unterschiedliche Einsatzformen des Hundes beinhaltet und miteinander verknüpft: das Lesetraining mit dem Hund, das Lesen für den Hund, das Lesen über den Hund und das Vorlesen für den Hund.
Die folgende Tabelle zeigt einen Überblick über die Einsatzformen des Hundes im Lesetraining und die daraus resultierende Interaktion mit dem Hund.

* vgl. Rosebrock, Cornelia, Nix, Daniel: Grundlagen der Lesedidaktik. 9. Auflage. 2020. Hohengehren. Schneider Verlag.

	Lesen über den Hund	Lesen für den Hund	Lesen mit dem Hund	Vorlesen für den Hund
Erläuterung	Lesehandlungen, bei denen das Wissen über den Hund erweitert wird.	Lesehandlungen, die zum Ziel haben, etwas für den Hund oder das Lesetraining mit Hund zu tun/herzustellen	Lesehandlungen, die in direkter Interaktion mit dem Hund erfolgen	Vorlesen für den Hund in entspannter und wertfreier Atmosphäre
Beteiligung des Hundes	keine Beteiligung	keine aktive Beteiligung am Leseprozess aktive Beteiligung durch Probieren/Nutzen des Produktes mit dem Hund	aktive Beteiligung	passive Beteiligung
Interaktion	keine Interaktion	keine Interaktion gelenkte und ungelenkte Interaktion (je nach Produkt)	gelenkte Interaktion	ungelenkte Interaktion
Interesse/ Motivation	durch den Lerngegenstand	durch den Lerngegenstand durch das Herstellen/Vorbereiten für den Hund	durch die Interaktion mit dem Hund	durch die Anwesenheit/das Zuhören des Hundes
Verbesserung des Leseselbstkonzeptes	durch Anwendung von erlesenem Wissen	durch erfolgreich hergestelltes Produkt durch Ausprobieren/Nutzen mit dem Hund	durch positive Lesekultur durch erfolgreiches Training mit dem Hund	durch wertfreien Vorlesekontext
Trainingsbereiche	Leseanimation Lesegenauigkeit Leseverstehen globale Kohärenz Lesestrategien	Leseanimation Lesegenauigkeit Leseverstehen globale Kohärenz Lesestrategien	Leseanimation Lesegeschwindigkeit Lesegenauigkeit Prosodie lokale Kohärenz Lesegenauigkeit Leseverstehen globale Kohärenz Lesestrategien	Leseanimation Prosodie literarisches Lernen

Regeln für das Lesetraining mit dem Hund

Nur wenn das Wohl aller am Lernprozess Beteiligten gesichert ist, wird ein erfolgreiches Lesetraining in entspannter Atmosphäre möglich. Der Einsatz des Hundes sollte immer art- und tierschutzgerecht im ausgebildeten Mensch-Hund-Team erfolgen.

Für das Lesetraining sollten Regeln und Rituale im Umgang mit dem Hund etabliert werden. Viele Hunde, die im Lesetraining eingesetzt werden, sind bereits in anderen Fächern im Einsatz, sodass auf bestehende Regeln zurückgegriffen werden kann.
Die Einführung oder Wiederholung der Regeln kann in das Lesetraining eingebunden werden.*
Neben den Regeln sollten die Vorlieben des Hundes beachtet werden. Die Übungen sollten immer im Hinblick auf die Stärken und Schwächen des Hundes ausgewählt und vorab mit dem Hund gut trainiert werden. Um die Methoden des Lesetrainings für den eigenen Hund anzupassen, werden in diesem Buch verschiedene Übungen zu unterschiedlichen Bereichen aufgeführt. Zudem werden alternative Umsetzungsmöglichkeiten mit dem Hund zu den einzelnen Methoden angeboten. Neben den Einsatzformen des Hundes werden in diesem Buch verschiedene Methoden und Organisationsformen einbezogen, die sich vor allem mit der ganzen Klasse anwenden lassen, aber auch in der Kleingruppen- oder Einzelförderung möglich sind.

Organisation des Lesetrainings mit dem Hund

Die Organisation des Lesetrainings kann unterschiedlich gestaltet werden. Es können zwei bis drei Mal pro Woche kurze Einheiten des Lesetrainings mit Hund angeboten werden, viele Einsatzideen können in die Freiarbeit integriert werden oder in ganzen Lesetrainingsstunden erfolgen. Bei der Planung des Lesetrainings sollte immer die Einsatzzeit bedacht werden. Vor allem in den Lesetrainingsstunden sollte der Hund nur in einer der Phasen eingesetzt werden. Ebenso ist es bei der Einbindung des Hundes in die Freiarbeit oder die individuelle Lernzeit. Die Tabelle zeigt, wie und in welcher Phase die Einbindung des Hundes in das Lesetraining erfolgen kann.

Phase	Setting	Erklärung
Einstieg/Sicherung	Sitzkreis	Die Interaktion erfolgt mit dem Hund und allen Kindern gemeinsam im Sitzkreis.
Arbeitsphase	Freiarbeit/individuelle Lernzeit	Die Übung mit dem Hund wird in die Freiarbeit integriert. Die Übung kann einzeln, mit dem Partner oder in der Kleingruppe erfolgen. Wenn eine Einsatzform gewählt wird, bei der mit dem Hund interagiert wird, können nicht alle Kinder gleichzeitig und in einer Stunde mit dem Hund arbeiten.
Arbeitsphase	Einzelarbeit	Der Hund arbeitet mit der ganzen/für die ganze Klasse, jedes Kind hat aber sein eigenes Material.
Arbeitsphase	Partnerarbeit	Der Hund arbeitet mit der ganzen/für die ganze Klasse, jedes Team hat sein eigenes Material.
Arbeitsphase	Gruppenarbeit	Der Hund arbeitet mit der ganzen/für die ganze Klasse, jedes Team hat sein eigenes Material.

* Vertiefend zu den Regeln und Ritualen: Mengel, Isis: Classroom Management mit Schulhund. 2023. Auer Verlag.

Einsatzmaterialien für das Lesetraining mit dem Hund

Eine Vielzahl an unterschiedlichen Materialien verlockt dazu, diese auch alle nutzen zu wollen. Zu bedenken ist aber, dass viele unterschiedliche Materialen das Lesetraining sowohl für die Kinder als auch für den Hund erschweren und zu Stress führen können. Auch als Lehrkraft hat man viel zu verstauen, zu transportieren und vorzubereiten. Es empfiehlt sich daher, die Materialauswahl zu beschränken. In der Tabelle sehen Sie einen Überblick über die verwendeten Einsatzmaterialien für den Hund.

Material	Erklärung	Aufgabe Hund
besprechbare Buzzer	Buzzer mit Aufnahmefunktion	Der Hund löst den Buzzer mit der Pfote oder der Nase aus.
Bodentargets	Kreise aus Gummi, die man auf den Boden legt.	Der Hund tritt mit den Pfoten auf das Bodentarget und bleibt dort stehen.
Dummies/ Säckchen	Futterdummies, die mit Leckerlis und Aufgaben befüllt werden können. Sanddummies, an die mithilfe eines Karabinerhakens Karten gehängt werden können.	Die ausgelegten oder versteckten Dummies werden vom Hund zum Kind gebracht.
Glücksrad	Das Glücksrad ist mit verschiedenen Begriffen/Fragen bestückt. Die Kinder müssen diese beantworten.	Der Hund dreht das Glücksrad mit der Pfote.
Fliegenklatschen	Auf den Fliegenklatschen können mithilfe einer Büroklammer oder Knetkleber Lesekarten befestigt werden.	Die Kinder halten die Fliegenklatschen hin. Der Hund wird losgeschickt, sucht sich eine Fliegenklatsche aus und stupst sie an.
gebastelte Dosen	Dosen, an denen ein Möbelgriff oder Seil zum Tragen befestigt ist.	Der Hund apportiert die Dosen/ hebt sie an und gibt sie dem Kind.
Karten und Kartenhalter	laminierte Karten, die in der Hand oder mithilfe eines Spielkartenhalters gehalten werden	Der Hund zieht eine Karte aus der Hand oder dem Kartenhalter.
Kegel (Flaschen)	Als Kegel können PET-Flaschen verwendet werden, an denen Karten befestigt oder eingesteckt werden.	Die aufgestellten Flaschen stupst der Hund mit der Pfote oder Nase um.
Schnüffelteppich	Ein Schnüffelteppich besteht aus vielen an einer Unterlage dicht zusammengeknoteten Stoffstreifen, zwischen denen Leckerlis versteckt werden.	Die versteckten Leckerlis werden vom Hund gesucht.
Snackball	Ball, der mit Leckerlis befüllt werden kann	Der Hund rollt den Snackball, um an die Leckerlis zu kommen.
Würfel	Ein Einsteckwürfel ist mit verschiedenen Begriffen/Handlungsaufträgen bestückt. Die Kinder müssen diese erklären/ausführen.	Der Hund bewegt den Würfel mit der Pfote oder der Nase.
Zielscheibe	Mittels einer Zielscheibe wird ein bestimmter Aspekt der Stunde reflektiert. Die Kinder legen an die entsprechende Zielscheibe ihr Leckerli.	Der Hund darf das Leckerli im Anschluss fressen.

Rituale für das Lesetraining mit dem Hund

Die Rituale strukturieren das Lesetraining, bieten Sicherheit und Orientierung und sorgen somit für eine verbesserte Lernatmosphäre[29] sowohl für die Kinder als auch für den Hund. Im Folgenden werden kleine Rituale aufgeführt, mit denen das Lesetraining begonnen und/oder beendet werden kann, die ausgeweitet aber auch für kleinere Lesetrainingseinheiten mit dem Hund genutzt werden können. Da die Rituale von einem Kind durchgeführt werden können, wird in kleinen Schritten auch das laute Vorlesen vor der Klasse trainiert.

Lesebuch des Hundes

Das Buch in Kistenform aus Holz oder Pappe kann mit Leseaufgaben (Sätze/Texte) rund um den Hund und/oder das aktuelle Thema des Lesetrainings befüllt werden. Es können auch Gegenstände hineingelegt werden, um Vermutungen über das kommende Thema anzustellen. Der Hund öffnet die Kiste. Alternativ kann die Kiste auch von einem Kind geöffnet werden und der Hund holt die Lesekarten heraus.

Einsatzform: Lesen mit dem Hund

Setting: Klassenverband (Sitzkreis)

Material: Holzkiste oder Pappkiste in Buchform, Lesekarten/Leseaufgaben

Aufgabe Hund: Buchdeckel mit der Nase aufklappen, Schnur am Buchdeckel mit dem Maul aufziehen

Lesepost

Statt des Buches kann auch ein Briefumschlag, der am Geschirr des Hundes befestigt ist, mit einem Brief zur Einstimmung, Leseaufgaben (Sätze/Texte) rund um den Hund und/oder dem aktuellen Thema des Lesetrainings gefüllt werden.
Wenn der Hund gerne etwas trägt, kann der Briefumschlag vom Hund auch getragen werden. Alternativ kann auch ein gelber Futterdummy verwendet werden.

Einsatzform: Lesen mit dem Hund

Setting: Klassenverband (Sitzkreis)

Material: Briefumschlag, Briefinhalt

Aufgabe Hund: Der Hund darf kein Problem damit haben, dass etwas an seinem Geschirr/Halsband hängt.

29 Mengel, Isis: Classroom Management mit dem Schulhund. 2023. Auer.

Rituale für das Lesetraining mit dem Hund

Belohnungswunsch

Das Ritual kann mit dem Hund durchgeführt werden, indem er die Karten zieht oder als Post mitbringt. Im Sitzkreis stehen Behälter mit verschiedenen Belohnungen für den Hund. Außerdem liegen Karten bereit, auf denen die Belohnungswünsche (KV1) des Hundes für die aktuelle Stunde stehen. Die Karten werden nach und nach gezogen und gelesen. Je mehr Karten gezogen werden, desto mehr Belohnungen scheiden aus, z. B. scheiden harte Leckerlis aus, wenn auf der Karte steht „Heute bin ich faul. Ich möchte nicht so viel kauen". Der Belohnungswunsch kann auch mit dem Lesebuch oder der Lesepost kombiniert werden.

Einsatzform:	Lesen für den Hund
Setting:	Klassenverband (Sitzkreis)
Material:	Belohnungswünsche (KV1), Behälter für die Belohnungen
Aufgabe Hund:	abwarten (Impulskontrolle)

Leselöffel

Für diese Übung steht ein Behälter bereit, in dem (Koch-)Löffel stecken. Die Stiele der Löffel müssen ein Loch haben, damit ein Band und ein Karabinerhaken (für eine schnellere Auswechslung) daran befestigen werden können. Eine Leseaufgabe (in Form einer Lesekarte) wird am Ende des Löffels befestigt. Um die Leseaufgaben zu differenzieren, kann man Löffel in verschieden Farben oder mit verschieden Symbolen nutzen (leicht, mittel, schwer). Ein Kind kommt nach vorne, zieht einen Löffel (mit der Schwierigkeitsstufe seiner Wahl), liest und gibt dem Hund anschließend ein Leckerli mit dem erlesenen Löffel.
Dieses Ritual kann auch zum Abschluss einer Stunde verwendet werden, um das Lesetraining zu reflektieren.

Einsatzform:	Lesen mit dem Hund
Setting:	Klassenverband (Sitzkreis)
Material:	Leckerlis, Silikon- oder Holzlöffel mit Loch im Stiel, Band/Schlüsselring/Karabinerhaken, Lesekarten
Aufgabe Hund:	abwarten (Impulskotrolle), fressen

Leserätsel der Stunde

Zu Beginn liegt eine Leserätselkarte (KV2) in der Mitte. Auf dieser Karte steht ein Hinweis, wo der Hund sein Leckerli finden kann. Entweder das Leckerli wird vorab dort platziert und dient der Kontrolle der richtigen Lösung oder es darf durch die Kinder am richtigen Ort abgelegt werden. Ein Kind kommt für diese Übung nach vorne und liest das Rätsel laut vor. Nun darf der Hund entweder suchen oder ein weiteres Kind versteckt das Leckerli und schickt den Hund dann auf die Suche.

 **Einsatzform:** Lesen für den Hund/Lesen mit dem Hund

 **Setting:** Klassenverband

 **Material:** Leserätselkarten (KV2)

 **Aufgabe Hund:** abwarten (Impulskontrolle) und suchen

KV 1 Belohnungswünsche

Auswahl für diese Wünsche:
knusprige Leckerlis, etwas Gesundes, etwas Fleischiges, Käse

Heute bin ich faul und möchte nicht so viel kauen. Harte Leckerlis möchte ich heute nicht fressen.

Heute möchte ich nichts Gesundes, sondern etwas richtig Leckeres.

In meinem Napf heute Morgen vor der Schule war viel Fleisch. Zwei Mal das Gleiche möchte ich nicht fressen.

Auswahl für diese Wünsche:
verschiedene Leckerlis, Obst und/oder Gemüse in großen und kleinen Stücken

Ich habe etwas zugenommen. Damit ich nicht zu dick werde, möchte ich etwas Gesundes fressen.

Damit ich viel mit euch üben kann, sollten es viele kleine Stücke sein.

KV 1 Belohnungswünsche

Auswahl für diese Wünsche: Obst und Gemüse, Leckerlis

Ich habe heute Morgen noch nicht gefrühstückt.	
Zum Frühstück bekomme ich immer etwas Gesundes zu meinem Trocken-futter.	
Gemüse mag ich nicht so gerne. Obst ist mir lieber.	

Auswahl für diese Wünsche: kleine und große, weiche und harte Leckerlis

Meine Leckerlis dürfen heute nicht zu klein sein.	
Ich möchte, dass es heute richtig laut knuspert.	

Leserätselkarten

Geht zu einem Ort im Klassenraum, an dem ihr einen gelben Behälter findet.	
Ihr findet das Leckerli an einem Ort im Klassenraum, an dem ihr eure Hefte aufbewahrt.	
Ihr findet das Leckerli an einem Ort im Klassenraum, an dem ihr hinaus und hinein geht.	
Ihr findet das Leckerli an einem Ort im Klassenraum, an dem frische Luft hereinkommt.	
Geht zu einem Ort im Klassenraum, zu dem ihr vor der Pause geht.	
Geht zu einem Ort im Klassenraum, an dem eure Lehrerin/euer Lehrer etwas mit Kreide aufschreibt.	

Lesen über den Hund

Lesehandlungen, bei denen das Wissen über den Hund erweitert wird, fallen unter das „Lesen über den Hund". Hierbei erfolgt keine Interaktion mit dem Hund. Die Kinder werden durch den Lerngegenstand „Hund" motiviert und erfahren Selbstwirksamkeit, wenn sie das erlesene Wissen anwenden oder am Schulhund überprüfen können. Wenn beispielsweise ein Text über die Pflege des Hundes gelesen wird, können die Kinder das Wissen darüber in den folgenden Stunden anwenden. Zudem regt es die Kinder an, Wissen auszutauschen und über das Gelesene zu diskutieren.
Das „Lesen über den Hund" kann mit dem „Lesen mit dem Hund" durch verschiedene Methoden verknüpft werden, z. B. indem im Anschluss Fragen zum Text „durch den Hund" gestellt werden. Die Texte zum Lesen über den Hund stehen in zwei Schwierigkeitsstufen zur Verfügung.

Bedürfnisse des Hundes im Lesetraining

Es ist für das Wohlbefinden aller am Lernprozess Beteiligten wichtig, dass es Regeln für das Lesetraining mit dem Hund gibt. Mit diesem Thema kann man in die Leseförderung einsteigen.
Um die Regeln im Umgang mit dem Hund einzuführen oder zu vertiefen, kann man mit den Kindern einen (differenzierten) Text (KV1) zu den Bedürfnissen des Hundes lesen. An diesem Text lassen sich auch die Lesestrategien (KV3) trainieren. Um die Aufgabe zu vereinfachen oder zu differenzieren, können kurze Sätze zu den Bedürfnissen des Hundes gelesen werden. Aufgabe der Kinder ist es dann, aus den Bedürfnissen Regeln für den Umgang mit dem Hund abzuleiten. Diese können auf Sprechblasen notiert und aufgehängt werden.

Einsatzform:	Lesen für den Hund
Setting:	Einzelarbeit
Material:	Lesetext „Bedürfnisse des Hundes" (KV1a/b), Blanko-Sprechblasen
Teilfähigkeit:	Leseverstehen trainieren

Regeln für das Lesetraining mit Hund

Um die Umgangsregeln mit dem Hund zu erarbeiten, bekommen die Kinder Sprechblasen mit Sätzen (KV2), die sie anschließend visualisieren sollen. Diese Visualisierung kann durch Malen, mithilfe von Spielfiguren oder durch Fotos mit dem Hund erfolgen.

 **Einsatzform:** Lesen für den Hund

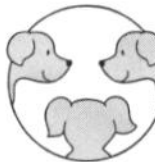 **Setting:** Einzel- und Gruppenarbeit

 **Material:** Regeln für das Lesetraining (KV2)

 **Teilfähigkeit:** Leseverstehen trainieren

Körpersprache des Hundes

Mithilfe von Lesestrategien (KV3) erarbeiten die Kinder den (differenzierten) Text zur Körpersprache des Hundes (KV4).

 **Einsatzform:** Lesen für den Hund

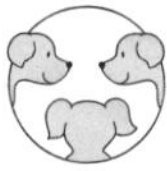 **Setting:** Einzel- und Gruppenarbeit

 **Material:** Lesestrategien (KV3), Lesetext „Körpersprache des Hundes“ (KV4 a/b)

 **Teilfähigkeit:** Leseverstehen trainieren

Pflege des Hundes

Die Pflege eines Hundes ist entscheidend für sein Wohlbefinden und seine Gesundheit. Um das Thema mit den Kindern zu erarbeiten, können die Kinder einen (differenzierten) Lesetext (KV5) zur Pflege des Hundes lesen und im Anschluss mit den gewonnenen Informationen eine Pflegekiste für den Hund packen.

 **Einsatzform:** Lesen für den Hund

 **Setting:** Einzel- und Gruppenarbeit

 **Material:** Lesetext „Pflege des Hundes“ (KV5 a/b)

 **Teilfähigkeit:** Leseverstehen trainieren

Training des Hundes

Um ein Verständnis dafür zu vermitteln, was beim Training mit dem Hund wichtig ist, lesen die Kinder darüber einen (differenzierten) Text (KV6). Anschließend kann mit den Kindern ein Plakat mit den für das Lesetraining wichtigen Punkten erstellt werden.

Einsatzform: Lesen für den Hund

Setting: Einzel- und Gruppenarbeit

Material: Lesetext „Training des Hundes“ (KV6 a/b)

Teilfähigkeit: Leseverstehen trainieren

Weitere Themen rund um den Hund

Neben den bisher genannten Themen lassen sich viele andere Themen rund um den Hund (Ernährung des Hundes, Hunderassen, hündische Berufe, etc.) für das Lesetraining nutzen. Ebenso wie bei den zuvor aufgeführten Themen kann die Erarbeitung der Texte mithilfe der Lesestrategien (KV3) erfolgen.

„Geheime“ Beobachtungsaufträge

Die Einbeziehung der Kinder in die Beobachtung des Hundes schärft das Bewusstsein und schult die Beobachtungsfähigkeit.
Ein oder zwei Kinder erhalten zu Beginn der Stunde heimlich eine Beobachtungsaufgabe (KV7), die sie erlesen und dann über die Stunde im Blick behalten. Am Ende der Stunde dürfen sie den anderen Kindern ihre Beobachtung präsentieren. Inhaltlich können sich die Aufträge auf das Verhalten des Hundes, die Wirkung des Hundes auf die Stimmung der Kinder oder Lehrerin oder die Interaktion zwischen Kindern und Hund beziehen. Die kleinen, kurzen Leseaufgaben wirken motivierend und fördern die Selbstwirksamkeit.

Einsatzform: Lesen für den Hund

Setting: Einzelarbeit

Material: „Geheime“ Beobachtungsaufträge (KV7)

Teilfähigkeit: Leseverstehen trainieren

KV 1a Lesetext „Bedürfnisse des Hundes" (1)

Bedürfnisse
Ein Bedürfnis fühlen wir. Es sagt uns, was wir brauchen. Wenn wir hungrig sind, dann brauchen wir etwas zu essen. Das ist bei Hunden ähnlich.

Futter und Wasser
Euer Hund braucht immer frisches Wasser und gesundes Futter. Er darf nicht alles fressen, was ihr esst.

Pflege und Gesundheit
Hunde müssen regelmäßig zum Tierarzt, um gesund zu bleiben. Auch das Fell, die Pfoten, die Ohren und die Zähne müssen gepflegt werden.

Ruhe und Entspannung
Euer Hund braucht einen ruhigen Schlafplatz. Dort möchte er nicht gestört werden.

Bewegung und Spiel
Hunde brauchen viel Bewegung. Sie lieben es, zu laufen und zu spielen.

Sicherheit und Liebe
Euer Hund braucht viel Liebe. Seid immer freundlich zu ihm.

KV 1b Lesetext „Bedürfnisse des Hundes" (2)

Ein Bedürfnis fühlen wir. Es sagt uns, was wir brauchen, um glücklich und gesund zu sein. Wenn wir hungrig sind, dann brauchen wir etwas zu essen, wenn wir krank sind, dann brauchen wir Medizin oder einen Arzt. Aber auch Spaß und Liebe sind Bedürfnisse, die wir haben. Das ist bei Hunden ähnlich.
Damit euer Hund glücklich und gesund bleibt, ist es wichtig, dass ihr seine Bedürfnisse versteht und ihm helft, diese zu erfüllen.

Euer Hund braucht immer frisches Wasser und gesundes Futter. Nicht alles, was für uns gut und gesund ist, ist auch für den Hund gesund. Gebt eurem Hund also nur Dinge, die er essen darf und für ihn nicht ungesund oder giftig ist.

Hunde müssen regelmäßig zum Tierarzt, um gesund zu bleiben. Euer Hund bekommt beim Tierarzt regelmäßig eine Untersuchung und Impfungen.
Um euren Hund zu pflegen, könnt ihr ihn abtrocknen, wenn er nass ist, seine Pfoten sauber machen und sein Fell bürsten.

Hunde schlafen zwischen 16 und 20 Stunden am Tag. Richtet eurem Hund einen gemütlichen Schlafplatz ein, damit er sich zurückziehen und entspannen kann. Genau wie ihr, möchte euer Hund beim Schlafen seine Ruhe haben.

Euer Hund muss nicht nur raus, um Pippi zu machen und sein Geschäft zu erledigen. Hunde sind aktive Tiere und brauchen viel Bewegung. Sie lieben es, zu laufen und zu spielen.

Hunde sind soziale Tiere. Euer Hund braucht viel Liebe und Zuneigung. Ihr könnt sie ihm zeigen, indem ihr immer freundlich zu ihm seid und euch um ihn kümmert. Sicherheit gebt ihr eurem Hund, indem ihr für ihn da seid und ihm Aufmerksamkeit schenkt.

Regeln für das Lesetraining

Ich möchte in Ruhe schlafen
und entspannen.

Ich esse gerne, aber ich darf
nicht alles essen, was du isst.

Ich mag es, wenn du nett und
freundlich zu mir bist.

Ich übe gerne mit dir.
Ich möchte dafür aber auch
eine Belohnung.

Regeln für das Lesetraining

Wenn viele Kinder mich streicheln, fühle ich mich nicht wohl.

Meine Ohren sind viel besser als deine. Ich höre alles sehr viel lauter.

Wenn ihr rennt, springt oder hüpft, denke ich, dass ihr mit mir spielen wollt.

Ich spreche nicht mit Worten, sondern mit meinem Körper.

Lesestrategien

Vor dem Lesen

Sieh dir die Bilder an!

Lies die Überschriften!

Stelle Vermutungen an!

Während des Lesens

Kläre unbekannte Wörter!

Markiere Schlüsselbegriffe!

Teile Abschnitte ein!

Finde Zwischenüberschriften!

Nach dem Lesen

Fasse den Inhalt zusammen!

Stelle Fragen zum Text!

Beantworte Fragen zum Text!

Sprich über den Inhalt!

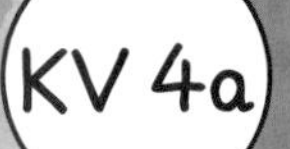

Lesetext „Körpersprache des Hundes" (1)

Hunde können genau wie Menschen Gefühle empfinden.

Neugier
Der Körper ist nach vorne gerichtet.
Die Rute wedelt langsam.
Die Ohren sind aufgerichtet.
Die Augen sind weit geöffnet.
Der Hund schnüffelt.

Aufregung
Der Körper ist nach vorne gerichtet.
Die Rute wedelt schnell.
Die Muskeln sind angespannt.
Die Ohren sind aufgerichtet.
Die Augen werden groß.
Der Hund atmet schnell.

Angst
Der Hund macht sich klein.
Der Hund zieht die Rute ein.
Der Hund guckt weg.
Die Ohren hängen herunter.

Wut/Aggression
Der Hund macht sich groß.
Der Hund hebt den Kopf an.
Die Rute zeigt nach oben und ist steif.
Das Fell am Rücken stellt sich auf.
Die Ohren zeigen nach vorne.
Der Hund zeigt Zähne.

Entspannung
Der Körper ist locker.
Die Ohren hängen herunter.
Die Augen sind etwas geöffnet.
Der Hund bewegt sich ruhig.

KV 4b Lesetext „Körpersprache des Hundes" (2)

Hunde können genau wie Menschen Gefühle empfinden. Damit ihr wisst, wie sich euer Hund fühlt, ist es wichtig, dass ihr die Körpersprache des Hundes beobachtet. An der Körpersprache könnt ihr erkennen, wie sich euer Hund fühlt, und danach handeln.

Wenn ein Hund neugierig ist, richtet er seinen Körper etwas nach vorne, um näher an jemanden oder etwas heranzukommen. Die Rute wedelt sanft und langsam. Ein neugieriger Hund richtet die Ohren auf und seine Augen sind weit geöffnet und aufmerksam. Neugierige Hunde schnüffeln und untersuchen ihre Umgebung.

Ist ein Hund aufgeregt, richtet er seinen Körper nach vorne und wedelt schnell mit der Rute. Häufig sieht man, dass die Muskeln angespannt sind. Die Ohren sind nach vorne gerichtet und die Augen werden größer. Es kann auch sein, dass der Hund schnell atmet oder sogar hechelt. Aufgeregt kann ein Hund sein, weil er sich auf etwas freut, aber auch weil er Stress hat.

In neuen und ungewohnten Situationen kann ein Hund auch Angst haben. In solchen Situationen wird der Körper des Hundes steif und er macht sich klein. Die Rute ist eingezogen oder wird sogar unter den Bauch geklemmt. Der Hund wendet den Kopf ab und die Ohren hängen herunter oder werden nach hinten gerichtet. Ängstliche Hunde ziehen sich meistens zurück.

Wenn ein Hund wütend ist und droht, macht er sich groß und hebt den Kopf an, um zu zeigen, dass er aufmerksam ist. Die Rute zeigt nach oben und ist steif. Das Fell am Rücken stellt sich auf. Die Beine sind stark durchgedrückt. Die Ohren sind nach vorne gerichtet und die Augen sind weit geöffnet. Der Blick ist fixierend auf ein Ziel ausgerichtet. Außerdem zeigt der Hund seine Zähne und knurrt.

Ein entspannter Hund hat eine lockere Körperhaltung. Auch das Gesicht wirkt entspannt. Die Ohren hängen locker herunter und die Augen sind leicht geöffnet. Wenn ein Hund entspannt ist, bewegt er sich ruhig und gelassen und legt sich hin. Fühlt sich ein Hund sehr wohl, zum Beispiel beim Streicheln, kann er sich auch auf den Rücken legen.

Lesetext „Pflege des Hundes" (1)

Euer Hund muss gepflegt werden, damit er gesund bleibt und sich wohlfühlt.

Nasser, dreckiger Hund
Trocknet eurem Hund die Pfoten und das Fell ab, wenn er nass ist.
Fragt vorher eure Lehrerin oder euren Lehrer. Nicht jeder Hund mag das Abtrocknen.

Fellpflege
Das Fell des Hundes muss, wie eure Haare, gebürstet werden.
Bürstet euren Hund nur zusammen mit eurer Lehrerin oder eurem Lehrer. Es gibt Hunde, die das Bürsten nicht mögen.

Sauber halten
Wascht die Decken, den Napf und das Spielzeug eures Hundes regelmäßig.

Gassi gehen
Wenn ihr mit eurem Hund Gassi geht, nehmt immer einen Kotbeutel mit und sammelt den Haufen ein.

Hände waschen
Bevor ihr mit eurem Hund trainiert und wenn ihr mit dem Training fertig seid, müsst ihr euch die Hände waschen.

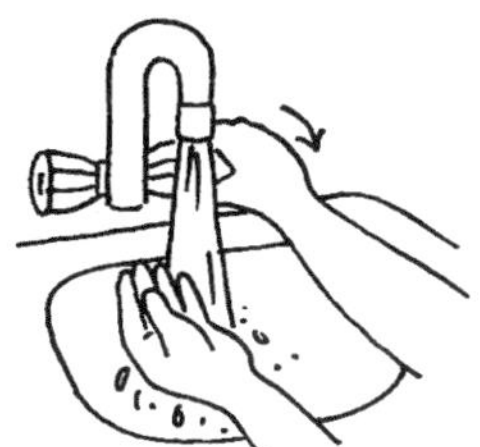

KV 5b Lesetext „Pflege des Hundes" (2)

Damit euer Hund gesund bleibt und sich wohlfühlt, ist es wichtig, dass ihr auf seine Pflege und Hygiene achtet.

Wenn das Wetter draußen schlecht ist und es regnet oder schneit, solltet ihr eurem Hund das Fell und die Pfoten abtrocknen. Auch ein Hund kann sich erkälten, wenn er mit nassem Fell im Unterricht sitzt. Es gibt auch Bademäntel für Hunde. Bevor ihr euren Hund abtrocknet und abputzt, fragt immer eure Lehrerin oder euren Lehrer. Manche Hunde mögen das nicht so gerne.

Genau wie ihr eure Haare bürstet, muss auch das Fell eures Hundes gebürstet werden. Viele Hund lieben es, gebürstet zu werden, aber nicht an jeder Stelle des Körpers. An der Rute, am Kopf, und an den Beinen kann das Bürsten unangenehm sein. Bürstet euren Hund nie alleine, sondern immer nur zusammen mit eurer Lehrerin oder eurem Lehrer.

Die Decke, der Napf und das Spielzeug eures Hundes müssen regelmäßig gewaschen werden, damit sich keine Bakterien ansammeln und alles immer schön sauber ist.

In Hundehaufen zu treten ist richtig eklig. Beim Gassigehen müsst ihr für euren Hund immer einen Kotbeutel dabeihaben. Wenn euer Hund einen Haufen macht, müsst ihr ihn einsammeln.

Bevor ihr mit eurem Hund trainiert und nachdem ihr das Training beendet habt, müsst ihr euch die Hände waschen.

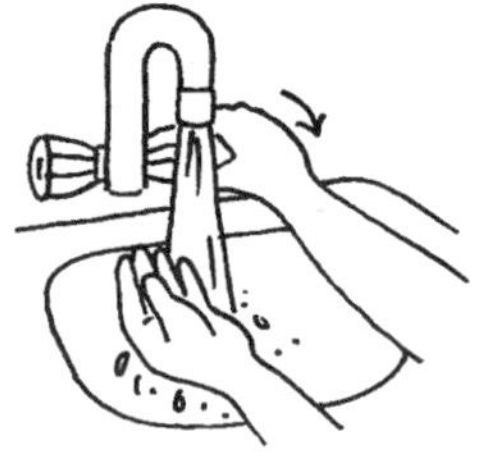

KV 6a Lesetext „Training des Hundes" (1)

Auf diese Dinge solltet ihr bei den Übungen mit Hund achten:

Respekt
Wenn euer Hund keine Lust hat oder etwas nicht kann, zwingt ihn nicht.

Geduld
Seid geduldig, wenn euer Hund etwas nicht versteht, und helft ihm.

Belohnung
Lobt und belohnt euren Hund nach einer Übung.

Klare Signale
Euer Hund versteht dich am besten, wenn du klare Worte benutzt.

Körpersprache
An der Körpersprache kannst du sehen, wie der Hund sich fühlt.

Zeit
Genau wie du, kann euer Hund nur eine kurze Zeit üben und braucht Pausen.

Spaß
Es ist wichtig, dass euch die Übungen Spaß machen.

Lesetext „Training des Hundes" (2)

Damit die Übungen mit eurem Hund gut klappen und ihr Spaß zusammen habt, gibt es ein paar Dinge zu beachten.

Geht immer respektvoll mit eurem Hund um. Wenn er eine Übung nicht kann oder keine Lust hat, dann bedrängt ihn nicht.

Nicht immer versteht euer Hund alles sofort. Helft ihm, die Übung richtig zu machen und seid geduldig.

Wenn euer Hund eine Übung gut gemacht hat, müsst ihr ihm das sagen. Lobt ihn und gebt ihm ein Leckerli oder Spielzeug.

Bevor ihr eine Übung mit dem Hund macht, müsst ihr selbst genau wissen, wie sie geht. Außerdem müsst ihr dem Hund klare Signale wie „Sitz" und „Platz" geben.

Achtet bei den Übungen auf die Körpersprache des Hundes. Daran könnt ihr sehen, wie er sich gerade fühlt.

Genau wie ihr beim Üben, kann sich euer Hund nicht lange konzentrieren und braucht auch einmal eine Pause. Macht lieber zwei oder drei kurze Übungen als eine lange. Die Übung sollte dir und dem Hund Spaß machen. Achtet darauf, was euer Hund gerne macht.

KV 7 „Geheime" Beobachtungsaufträge

Wie oft steht ________________ auf? Mache eine Strichliste!	Wie oft gähnt ________________? Mache eine Strichliste!
Wie viele Leckerlis bekommt ________________? Mache eine Strichliste!	Wie oft legt sich ________________ hin? Mache eine Strichliste!
Wie oft kratzt sich ________________? Mache eine Strichliste!	Wie oft schnüffelt ________________? Mache eine Strichliste!
Wie oft geht ________________ zu ________________? Mache eine Strichliste! PAUSE	Wie oft wird ________________ gestreichelt? Mache eine Strichliste!

KV 7

„Geheime" Beobachtungsaufträge

Wie lange bleibt ______________ liegen, bis ______________ wieder aufsteht? Stoppe die Zeit! 	Wie lange hat ______________ heute gearbeitet? Stoppe die Zeit! 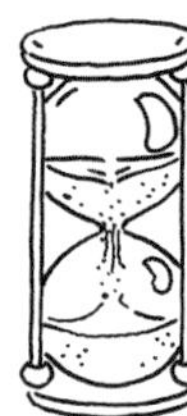
Wie oft macht ______________ Quatsch? Mache eine Strichliste! 	Wie gut hört ______________ auf ______________?  
Wie lange schläft ______________? Stoppe die Zeit! 	Wie oft melden sich die Kinder? Mache eine Strichliste! 
Wie leise ist es in der Klasse heute?   	

Lesen für den Hund

„Lesen für den Hund“ bezieht sich auf alle Lesehandlungen, die für den Hund erfolgen, bei denen also ein Produkt entsteht, das der Hund (aus)probieren oder gemeinsam mit den Kindern nutzen kann. Bei der eigentlichen Lesehandlung erfolgt keine Interaktion mit dem Hund. Beispielsweise lesen die Kinder ein Rezept für Hundekekse, bereiten diese anhand des Rezeptes zu und geben sie dem Hund oder nutzen sie als Belohnung für die nächste Trainingsstunde.

Eigenes Material für die Leseförderung zu erstellen und im Anschluss zu nutzen erhöht die Motivation und die Bedeutsamkeit für die Kinder.
Die aufgeführten Anleitungen können auch als Stationen durchgeführt oder in der Freiarbeit eingebunden werden. Durch die unterschiedlichen Schwierigkeitsstufen der Anleitung kann eine Differenzierung erfolgen.

Katapult

Mithilfe der Anleitung stellen die Kinder ein Katapult her, das sie im Anschluss für das Lesetraining mit dem Hund nutzen können. In der Mitte des Sitzkreises liegen viele Lesekarten nebeneinander. Ein Kind schießt ein Leckerli mit dem Katapult in Richtung der Lesekarten. Die getroffene Karte wird erlesen oder beantwortet. Anschließend darf der Hund das Leckerli einsammeln. Zu beachten ist, dass diese Übung mit dem Hund gut trainiert werden muss, da sie ein hohes Maß an Impulskontrolle erfordert.

Einsatzform:	Lesen für den Hund
Setting:	Einzel-, Partner- oder Gruppenarbeit
Material:	Bierdeckel, Wäscheklammer, Eisstiel, Flaschendeckel, Bastelkleber, Buntstifte, Anleitung „Katapult“ (KV1)
Teilfähigkeit:	Leseverstehen trainieren
Aufgabe Hund:	abwarten (hohes Maß an Impulskontrolle), fressen

Schnüffelteppich

Mithilfe der Anleitung stellen die Kinder einen Schnüffelteppich her, den sie im Anschluss für das Lesetraining mit dem Hund nutzen können. Der Schnüffelteppich kann als Belohnung für eine erfolgreiche Stunde befüllt werden. Es können aber auch Leckerlis für erlesene Sätze oder Textabschnitte in den Teppich gefüllt werden. Der Schnüffelteppich kann auch beim Blitzlesen statt eines Snackballes eingesetzt werden. Hierbei kommt dann für jedes erlesene Wort ein Leckerli in den Schnüffelteppich.

Einsatzform:	Lesen für den Hund
Setting:	Partner- oder Gruppenarbeit
Material:	zwei Fleecedecken (in zwei Farben), Spülbeckeneinlage, Schere, Lineal, Anleitung „Schnüffelteppich“ (KV2)
Teilfähigkeit:	Leseverstehen trainieren
Aufgabe Hund:	schnüffeln, fressen

Dosen zum Tragen

Mithilfe der Anleitung stellen die Kinder Dosen her, die der Hund anheben oder bringen kann. Im Lesetraining können die Dosen genutzt werden, um Lesezuordnungsübungen durchzuführen oder Aufgaben zu bringen.

Einsatzform:	Lesen für den Hund
Setting:	Partner- oder Gruppenarbeit
Material:	kleine Plastikdosen mit Deckel, Handbohrer, Paracord oder Juteschnur, Möbelknauf, Schraube, Lineal, Schere, Anleitung „Dosen zum Tragen“ (KV3 a/b)
Teilfähigkeit:	Leseverstehen trainieren
Aufgabe Hund:	Dosen bringen oder anheben

Wie am Schnürchen

Die Kinder basteln aus einer Küchenrolle, einem langen Stück Schnur und einem Säckchen ein motivierendes Spiel für das Lesetraining. Das an der Schnur befestigte Säckchen liegt auf der einen Seite, Kind und Hund sitzen auf der gegenüberliegenden Seite. Mithilfe der Küchenrolle rollt das Kind die Schnur, an der das Säckchen befestigt ist, auf und gelangt so an die Leseaufgabe und das Leckerli für den Hund.

 **Einsatzform:** Lesen für den Hund

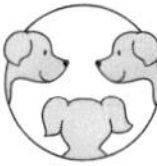 **Setting:** Einzel- oder Partnerarbeit

 **Material:** Baumwollsäckchen, Schnur, Stoffmalstifte, Schere, Maßband, leere Küchenrolle, Anleitung „Wie am Schnürchen“ (KV4)

 **Teilfähigkeit:** Leseverstehen trainieren

 **Aufgabe Hund:** abwarten (Impulskontrolle)

Lesegolf

Mithilfe der Anleitung stellen die Kinder ein kleines Lesegolfspiel her. Im Lesetraining können von oben in die Toilettenpapierrollen Lesekarten gesteckt werden. Die Kinder schnipsen Leckerlis in die Törchen der Toilettenpapierrollen und erlesen die entsprechende Lesekarte. Am Ende darf der Hund die Leckerlis suchen und fressen.

 **Einsatzform:** Lesen für den Hund

 **Setting:** Einzel- oder Partnerarbeit

 **Material:** Toilettenpapierrollen, Buntstifte, Schere, Lineal, Klebestift, Anleitung „Lesegolf“ (KV5)

 **Teilfähigkeit:** Leseverstehen trainieren

 **Aufgabe Hund:** abwarten (hohes Maß an Impulskontrolle), Leckerlis suchen und fressen

Tricks und Übungen mit dem Hund durchzuführen, ist für Kinder sehr motivierend. Vor der Durchführung ist jedoch eine gute Vorbereitung wichtig, um Stress beim Hund zu vermeiden und den Kindern die Steigerung des Selbstwertgefühls zu ermöglichen. Ziel des Lesens der Anleitungen ist es immer, die Übung/den Trick im Anschluss mit dem Hund durchzuführen. Neben der Lesekompetenz fördern diese Übungen außerdem die Handlungsplanung und das Selbstkonzept.
Alternativ zur Bearbeitung mit der ganzen Klasse, können die folgenden Texte auch als Freiarbeitsmaterial zur Verfügung gestellt werden. Die Kinder erlesen dann den Text, planen die Umsetzung, üben mit dem Hund und präsentieren der Klasse den Inhalt des Textes und die gemeinsame Umsetzung mit dem Hund – natürlich immer unter Aufsicht und mit Unterstützung der Lehrkraft.

Hundesportarten

Übungen aus vielen Hundesportarten lassen sich mit den Kindern und dem Hund erproben. Um die Erprobung mit dem Hund vorzubereiten, lesen die Kinder den Text zur Hundesportart „Agility" (KV6 a/b). Der Text steht in zwei Schwierigkeitsstufen zur Verfügung. Anschließend füllen sie in der Gruppe den Planungsbogen (KV8) zur Umsetzung mit dem Hund aus.

Einsatzform: Lesen für den Hund

Setting: Partner- oder Gruppenarbeit

Material: Utensilien für die Umsetzung der Übungen, Lesetext „Agility" (KV6 a/b), Planungsbogen „Spiele" (KV8)

Teilfähigkeit: Leseverstehen trainieren

Aufgabe Hund: je nach Auswahl der Hundesportart

Spielen mit dem Hund

Um das Spielen mit dem Hund vorzubereiten, lesen die Kinder Textkarten (KV7) zu den verschiedenen Spielformen/Auslastungsformen. Hierzu werden Gruppen zu den einzelnen Spielformen gebildet. Die Gruppen bereiten dann die Vorstellung der Spielform für die Klasse vor. Außerdem füllen sie den Planungsbogen zur Umsetzung des Spiels (KV8) mit dem Hund aus. Nach der Durchführung mit dem Hund kann auch bei dieser Übung eine Auswertung erfolgen. Hierzu können Reflexionsfragen in Bezug auf die Übungen erlesen und zur Anschlusskommunikation genutzt werden. Die Übungen sollten zuvor von Ihnen mit dem Hund trainiert werden.

Einsatzform: Lesen für den Hund

Setting: Einzel-, Partner- oder Gruppenarbeit

Material: Utensilien für die Umsetzung der Spiele mit dem Hund, Spielformen (KV7), Planungsbogen „Spiele“ (KV8)

Teilfähigkeit: Leseverstehen trainieren

Aufgabe Hund: je nach ausgewähltem Spiel

Handlungsplanung

Das Durchführen von Tricks und Übungen mit dem Hund erfordert immer auch verschiedene Formen der Handlungsplanung. Die Handlungsplanung kann in das Lesen für den Hund eingebettet werden. Die Kinder erhalten für die Übung/den Trick zunächst Handlungsschritte (KV 10–12), die anschließend in die richtige Reihenfolge gebracht werden müssen. Je nach Leistungsstand können Bilder zur Unterstützung genutzt oder im Anschluss zugeordnet werden.

Einsatzform: Lesen für den Hund

Setting: Einzel- oder Partnerarbeit

Material: Utensilien für die Umsetzung der Übungen aus den verschiedenen Handlungen, Planungsbogen „Handlung“ (KV9), Handlungsplanung „Pfote geben“ (KV10), Handlungsplanung „Sitz“ (KV11), Handlungsplanung „Würfeln“ (KV12)

Teilfähigkeit: Leseverstehen trainieren

Aufgabe Hund: je nach ausgewählter Übung/ausgewähltem Trick

Lesen für den Hund

Kindern ist das Geben von Leckerlis/Belohnungen an den Hund sehr wichtig, beide Seiten erfreuen sich daran und es führt zu einer positiven Interaktion. Die Kinder übernehmen Verantwortung, entwickeln Empathie und stärken die Bindung.

Schleckmattenfüllung

Eine Schleckmatte ist eine Matte bzw. Platte mit Rillen oder Noppen, die man für den Hund unterschiedlich befüllen kann. Die Schleckmatten-Rezepte werden von den Kindern erlesen und für den Hund zubereitet. Um die ganze Klasse einzubinden, kann zunächst von allen Kindern die Anleitung gelesen werden und die Zubereitung erfolgt gemeinsam im Sitzkreis. Es kann aber auch eine wechselnde Gruppe von Kindern ausgewählt werden, die dem Hund mithilfe eines Rezeptes die Schleckmatte befüllt.

Einsatzform: Lesen für den Hund

Setting: Partner- oder Gruppenarbeit

Material: Schleckmatte, Schüssel, Löffel, Gabel, Zutaten für die Schleckmattenfüllung, Anleitung „Schleckmattenfüllung" (KV13)

Teilfähigkeit: Leseverstehen trainieren

Aufgabe Hund: schlecken

Schnüffelüberraschungen

Schnüffelüberraschungen können eine kreative und unterhaltsame Möglichkeit sein, sich mit dem Lesen zu beschäftigen. Kleine Schnüffelüberraschungen für den Hund können auf „Vorrat" zubereitet und dem Hund nach einem Lesetraining gegeben werden. Es ist ebenfalls möglich, die Anleitungen für die Schnüffelüberraschungen schnellen Lesern anzubieten und somit zusätzlich etwas für den Hund zu machen.

Einsatzform: Lesen für den Hund

Setting: Partner- oder Gruppenarbeit

Material: Leckerlis, Toilettenpapierrollen, Küchentuch, Anleitung „Schnüffelball" (KV14), Anleitung „Leckerli-Schlange" (KV15)

Teilfähigkeit: Leseverstehen trainieren

Aufgabe Hund: Auspacken der Schnüffelüberraschung

Backmatten-Leckerlis

Durch das Ziel, Leckerlis für das Lesetraining mit dem Hund zu produzieren, werden die Kinder ermutigt, sich durch das Lesen des Rezeptes zu engagieren. Das Backen von Hundeleckerlis bietet eine praktische Möglichkeit, die Lesefähigkeit zu trainieren und anzuwenden und außerdem den Nutzen des Lesens zu erfahren. Die Freude des Hundes über die Leckerlis stärkt zudem das Selbstwertgefühl und die Bindung.
Spezielle Backmatten für Hundeleckerlis erleichtern das Herstellen der Leckerlis. Für die Backmatten gibt es einfache Rezepte mit wenigen Zutaten. Der Teig wird am Ende einfach auf die Backmatte gestrichen und die Leckerlis sind klein genug, um sie als Belohnung im Lesetraining einsetzen zu können.
Eine Alternative zum Backen mit der Backmatte ist das Herstellen von Hundekeksen mithilfe von Ausstechformen.

Einsatzform:	Lesen für den Hund
Setting:	Gruppenarbeit
Material:	Backmatte, Schüssel, Löffel, Backofen, Topflappen, Zutaten für das Rezept, Anleitung „Backmatten-Leckerlis“ (KV16)
Teilfähigkeit:	Leseverstehen trainieren
Aufgabe Hund:	fressen

KV 1 Anleitung „Katapult"

Du brauchst:
- einen Bierdeckel
- eine Wäscheklammer
- einen Eisstiel
- einen Flaschendeckel
- Bastelkleber
- Buntstifte

So gehst du vor:
1. Male den Bierdeckel an.

2. Klebe die Wäscheklammer in die Mitte des Bierdeckels.
3. Klebe auf die Wäscheklammer den Eisstiel.
4. Klebe den Flaschendeckel auf den Eisstiel, an die Seite, an der die Wäscheklammer geöffnet ist.

KV 2 Anleitung „Schnüffelteppich"

Du brauchst:
- zwei Fleecedecken in zwei verschiedenen Farben
- eine Spülbeckeneinlage
- ein Lineal
- eine Schere

So gehst du vor:
1. Schneide den Fleecestoff in Streifen.
   Die Streifen sollten 3 cm breit und 25 cm lang sein.

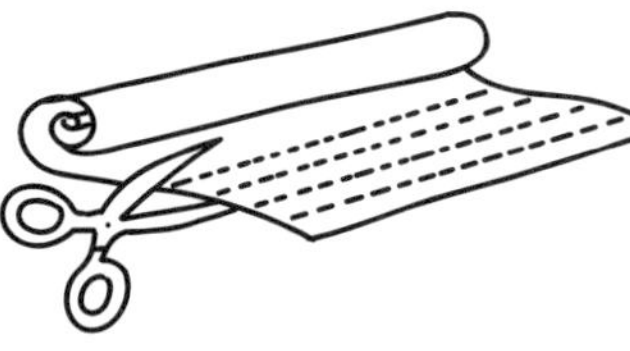

2. Ziehe die Streifen durch die Löcher der Spülbeckeneinlage.
   Verknote die Enden des Fleeces.
   Pro Loch brauchst du drei Streifen, damit der Teppich am Ende dicht genug ist.

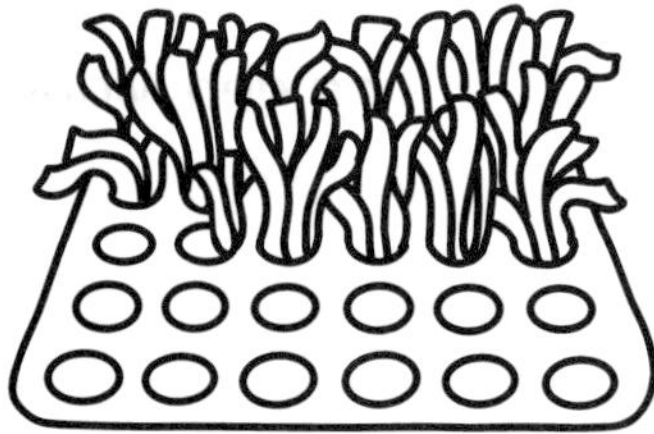

3. Wiederhole den zweiten Schritt so lange, bis der Teppich dicht genug ist, damit man die Leckerlis gut verstecken kann.

KV 3a Anleitung „Dosen zum Tragen" (Seil)

Du brauchst:

- eine kleine Dose mit Deckel
- einen Handbohrer/Kastanienbohrer
- ein Stück Seil
- ein Lineal
- eine Schere

So gehst du vor:

1. Bohre mit dem Handbohrer ein Loch in den Boden der Dose.

2. Schneide ein 30 cm langes Stück Seil ab.

3. Lege aus dem Seil eine Schlaufe. Dabei sollen beide offenen Enden gleich lang sein.

4. Stecke das geschlossene Ende des Seils ein kleines Stück von innen nach außen durch das Loch.

5. Verknote die offenen Enden des Seils im Inneren der Dose.

KV 3b Anleitung „Dosen zum Tragen" (Möbelknauf)

Du brauchst:

- eine kleine Dose mit Deckel
- einen Handbohrer/Kastanienbohrer
- einen Möbelknauf
- eine Schraube
- ein Lineal

So gehst du vor:

1. Bohre mit dem Handbohrer ein Loch in den Boden der Dose.

2. Stecke die Schraube von innen nach außen durch das gebohrte Loch.

3. Schraube den Möbelknauf auf die Schraube.

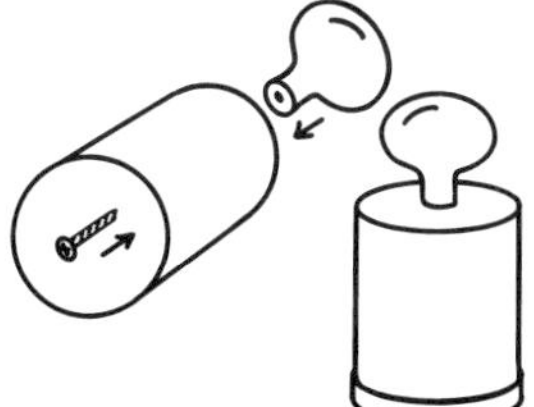

KV 4 Anleitung „Wie am Schnürchen"

Du brauchst:
- Stoffmalstifte
- ein langes Stück Schnur
- eine leere Küchenrolle
- eine Schere
- ein Baumwollsäckchen
- ein Maßband

So gehst du vor:

1. Bemale das Baumwollsäckchen mit den Stoffmalstiften. Lege ein Papier in das Säckchen, damit die Farbe nicht durchdrückt.
2. Wenn du möchtest, kannst du die Küchenrolle auch anmalen.
3. Schneide dir zwei Meter von der Schnur ab.
4. Knote das eine Ende der Schnur an die Küchenrolle.
5. Knote das andere Ende an das Säckchen.

KV 5 Anleitung „Lesegolf"

Du brauchst:
- zehn Toilettenpapierrollen
- eine Schere
- Bundstifte
- ein Lineal
- Bastelkleber

So gehst du vor:

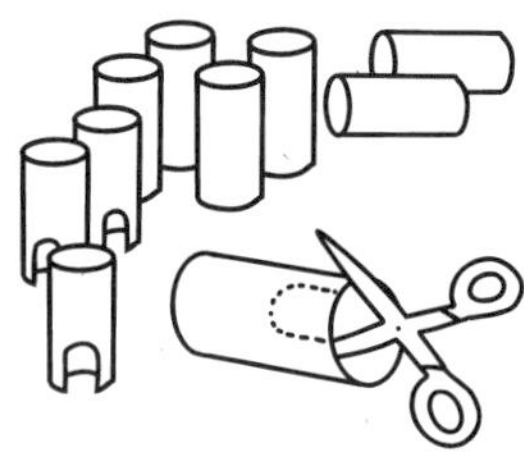

1. Male die Toilettenpapierrollen bunt an oder beklebe sie.
2. Schneide an einer Seite der Rolle ein Tor hinein. Es soll 3 cm hoch und 2 cm breit sein.
3. Klebe die Rollen aneinander. Achte darauf, dass die Tore alle in die gleiche Richtung zeigen.

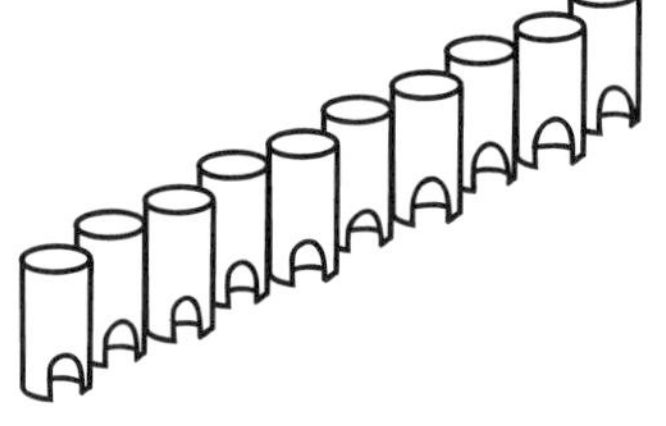

Lesetext „Agility" (1)

Der Parcours
Ein Parcours besteht aus Hindernissen: Hürden, Wippen, Kegel, Stangen und Tunnel.

Signale
Durch Signale und Handzeichen zeigt man dem Hund, was er machen soll.

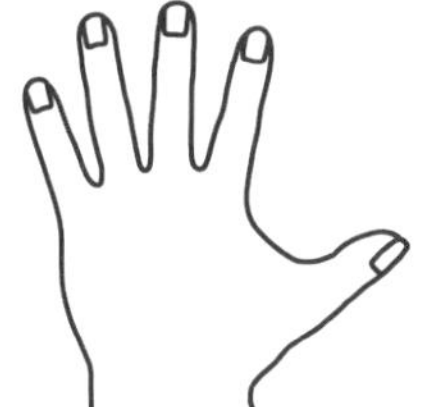

Turniere
Bei Turnieren ist das Ziel, den Parcours so schnell wie möglich und ohne Fehler zu durchlaufen.

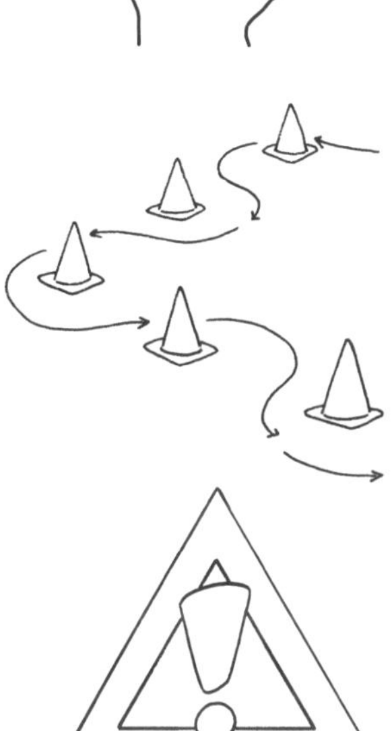

Sicherheit und Spaß
Beim Agility ist die Sicherheit das Wichtigste. Es darf sich keiner verletzen. Agility soll Spaß machen.

Agility im Klassenraum
Im Klassenraum findet ihr auch Dinge, um Hindernisse zu bauen.
Du kannst zum Beispiel einen Mülleimer zum Umrunden nehmen.

KV 6b Lesetext „Agility" (2)

Agility ist eine Hundesportart. Beim Agility wird ein Parcours aus verschiedenen Hindernissen aufgebaut. Als Hindernisse können Hürden, Wippen, Kegel, Stangen und Tunnel genutzt werden. Es gibt immer eine festgelegte Reihenfolge, in der die Hindernisse bewältigt werden müssen.

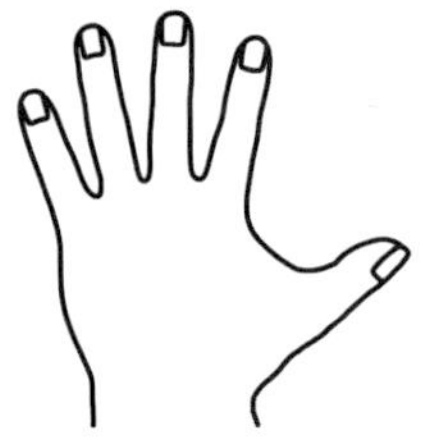

Durch Signale und Handzeichen zeigt man dem Hund, was er machen soll.

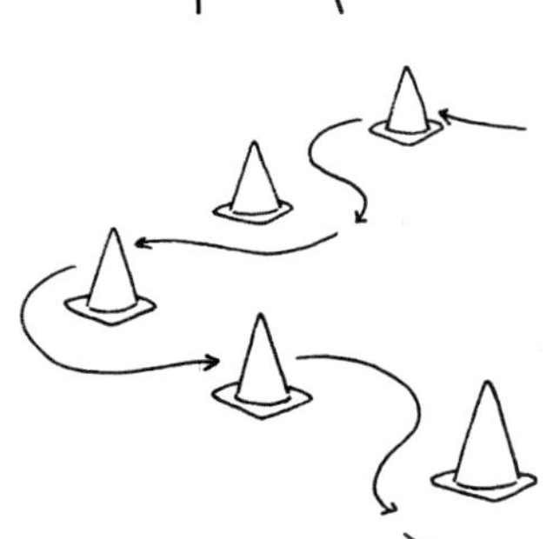

Bei richtigen Agility-Turnieren ist das Ziel, den Parcours so schnell wie möglich und ohne Fehler zu durchlaufen.

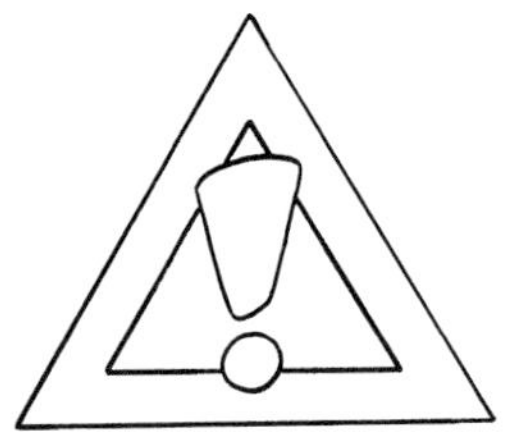

Wenn du mit eurem Hund mit den Übungen anfängst, solltest du sie langsam machen. Dein Hund muss erst jedes Hindernis einzeln kennenlernen und üben, bevor man daraus einen Parcours bauen kann. Seid immer fair und liebevoll beim Training. Sicherheit und Spaß stehen an erster Stelle.

Im Klassenraum lassen sich viele Dinge finden, aus denen man einen Parcours bauen kann. Du kannst einen Mülleimer zum Umrunden nehmen, einen Besen zum Darüberspringen, einen Tisch zum Durchkriechen. Dir fallen sicher noch andere Sachen ein. Ganz wichtig ist, dass euer Hund sich nicht verletzen kann und die Übungen nicht zu schwer für ihn sind.

KV 7 Spielformen

Apportieren

Beim Apportieren wird ein Dummy geworfen oder versteckt. Der Hund bringt den Dummy dann zu seinem Besitzer zurück.
Vielen Hunderassen steckt das Apportieren im Blut. Damit sie keine Vögel oder Hasen jagen und apportieren, gibt es einen Dummy als Ersatz. Es gibt viele verschiedene Arten von Dummies: Futterdummies, Sanddummies, Wasserdummies, Felldummies, Entendummys.
Wenn der Hund den Dummy apportiert hat, hat er sich eine Belohnung verdient. Das bestärkt das Verhalten und steigert die Motivation.

Suchspiele

Hunde riechen viel besser als Menschen. Rettungshunde können mithilfe ihres Geruchssinns sogar vermisste Personen finden. Hunde arbeiten gerne mit der Nase. Suchspiele sind eine gute Beschäftigung, die den Hund körperlich und geistig auslasten. Für ein Suchspiel wird ein Leckerli oder ein Spielzeug versteckt, das der Hund dann suchen muss.

Intelligenzspiele

Für Intelligenzspiele oder auch Denkspiele nutzt der Hund sein Gehirn und wird geistig ausgelastet. Der Hund muss erst nachdenken, wie er vorgeht und dann aktiv werden. Er muss überlegen, ob er die Pfote, das Maul oder die Nase nutzt, um an die Belohnung zu kommen. Es kann sehr spannend sein, den Hund beim Lösen von Denkaufgaben zu beobachten.
Intelligenzspiele für den Hund kann man kaufen, aber auch ganz leicht selbst basteln.

Tricktraining

Beim Tricktraining lernen und üben Hunde neue Tricks zusammen mit ihrem Besitzer. Der Hund strengt dabei sowohl seinen Kopf als auch den Körper an. Wichtig ist, dass man den Hund belohnt, wenn er etwas gut gemacht hat. Dann macht er es gerne wieder. Wenn ein Trick nicht funktioniert, muss man Geduld haben und dem Hund helfen. Ein leichter Trick ist „Pfote geben“.

KV 8 Planungsbogen „Spiele"

Mein Spiel ______________________

Skizze:

Spielform: ______________________

Material: ______________________

Anleitung: ______________________

____

Aufgabe des Hundes: ______________________

Signale: ______________________

KV 9 Planungsbogen „Handlung"

Mein Hindernis für ______________________

Skizze:

Material: ______________________

Aufgabe des Hundes: ______________________

____

____

Signal: ______________________

Handzeichen: ______________________

KV 10 Handlungsplanung „Pfote geben"

Schneide die Schritte aus und bringe sie in die richtige Reihenfolge.

Wenn dir der Hund die Pfote gegeben hat, lobe ihn und belohne ihn mit einem Leckerli.

Bevor der Hund die Pfote geben kann, muss er sich hinsetzen. Sage dem Hund „Sitz“ und mache das passende Handzeichen dazu.

Dann halte dem Hund die Hand hin und sage „Pfote“.

Starte mit dem Hund von seiner Decke aus. Sage ihm, dass er auf seine Decke gehen soll und zeige auf die Decke. Hilf ihm, indem du mitgehst oder dich neben die Decke stellst.

Wenn dein Hund sitzt, knie dich mit etwas Abstand vor ihn.

KV 11 Handlungsplanung „Sitz"

Schneide die Schritte aus und bringe sie in die richtige Reihenfolge.

Sage dem Hund „Sitz“ und mache das passende Handzeichen dazu.

Wenn der Hund sich hingesetzt hat, lobe ihn und belohne ihn mit einem Leckerli.

Zum Schluss sage dem Hund, dass die Übung beendet ist. Dazu kannst du „ok“ oder „fertig“ sagen, dann weiß der Hund, dass er wieder aufstehen darf.

Starte mit dem Hund von seiner Decke aus. Sage ihm, dass er auf seine Decke gehen soll und zeige auf die Decke. Hilf ihm, indem du mitgehst oder dich neben die Decke stellst.

KV 12 Handlungsplanung „Würfeln“

Schneide die Schritte aus und bringe sie in die richtige Reihenfolge.

Setze dich mit etwas Abstand neben den Hund.

Starte mit dem Hund von seiner Decke aus. Sage ihm, dass er auf seine Decke gehen soll und zeige auf die Decke. Hilf ihm, indem du mitgehst oder dich neben die Decke stellst.

Nimm den Würfel und lege ihn auf die flache Hand.

Sage dem Hund, dass er den Würfel anstupsen soll.

Bevor du die Übung mit dem Hund startest, hole den Würfel und den Leckerlibeutel.

Zum Schluss sage dem Hund, dass die Übung beendet ist. Dazu kannst du „ok“ oder „fertig“ sagen, dann weiß der Hund, dass er wieder aufstehen darf.

Sage dem Hund „Sitz“ und mache das passende Handzeichen dazu.

Wenn der Hund den Würfel gestupst hat, lobe ihn und belohne ihn mit einem Leckerli.

Strecke den Arm aus und halte den Würfel mit Abstand vor die Nase des Hundes.

Anleitung „Schleckmattenfüllung"

Du brauchst:

- eine Schleckmatte
- eine Schüssel
- einen Löffel
- eine Gabel
- eine Banane
- drei Esslöffel Quark
- einen Esslöffel Kokosraspeln

So gehst du vor:

1. Befreie die Banane von der Schale. Reiße die Banane in kleine Stücke und gib sie in die Schüssel.

2. Zerdrücke die Banane mit der Gabel.
3. Gib den Quark und die Kokosraspeln hinzu.
4. Verrühre die Masse.
5. Streiche die Masse mit dem Löffel auf die Schleckmatte.

6. Gib eurem Hund die Schleckmatte.

KV 14 Anleitung „Schnüffelball"

Du brauchst:
- eine leere Toilettenpapierrolle
- Leckerlis
- eine Schere

So gehst du vor:
1. Schneide die Toilettenpapierrolle in fünf gleich große Ringe.

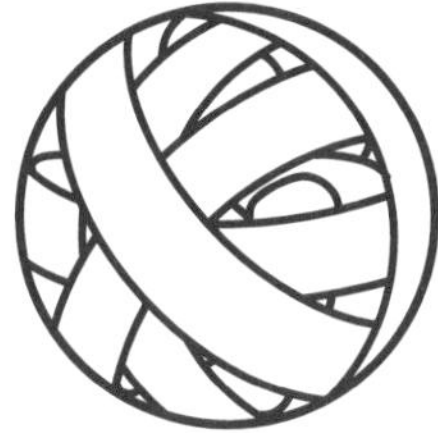

2. Steckt die Ringe so ineinander, dass ein Ball entsteht.
3. Steckt in die Mitte des Balles ein Leckerli.
4. Gebt dem Hund euren Ball.

KV 15 Anleitung „Leckerli-Schlange"

Du brauchst:
- vier leere Toilettenpapierrollen
- Leckerlis
- ein Küchentuch

So gehst du vor:
1. Rolle das Küchentuch an der langen Seite ein.

2. Stecke das Küchentuch durch die Toilettenpapierrollen durch.
3. Stecke zwischen das Küchentuch und die Toilettenpapierrollen die Leckerlis.

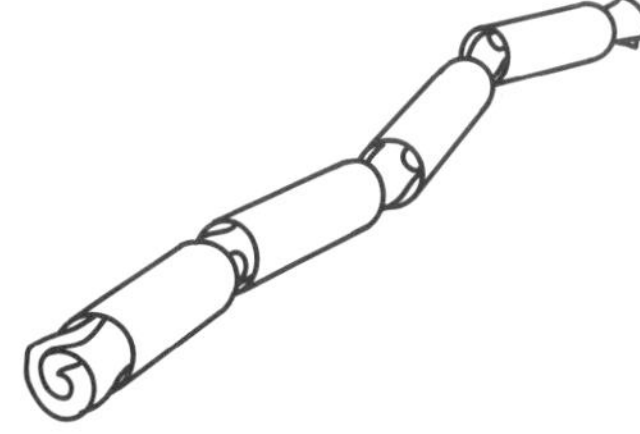

KV 16 Anleitung „Backmatten-Leckerlis"

Du brauchst:
- eine Backmatte
- eine Schüssel
- einen Löffel
- eine Packung Parmesan
- drei Eier
- einen Backofen
- einen Topflappen

So gehst du vor:

1. Hole das Backblech aus dem Backofen.
2. Heize den Backofen auf 100 Grad Umluft vor.
3. Nimm dir die Schüssel.
4. Schlage die Eier am Rand der Schüssel auf und fülle sie in die Schüssel.
5. Öffne die Packung mit dem Parmesan.
6. Gib den Parmesan in die Schüssel.
7. Verrühre alles mit dem Löffel zu einer Masse.
8. Lege die Backmatte auf das Backblech und schiebe es in den Backofen.
9. Stelle den Backofen auf 180 Grad und den Wecker auf 25 Minuten.
10. Wenn die Backzeit um ist, hole das Backbleck mit einem Topflappen aus dem Ofen.
11. Lasse die Leckerlis abkühlen.
12. Wasche in der Zeit die Schüssel aus und trockne sie ab.
13. Wenn die Leckerlis abgekühlt sind, drücke sie aus der Backmatte in die Schüssel.

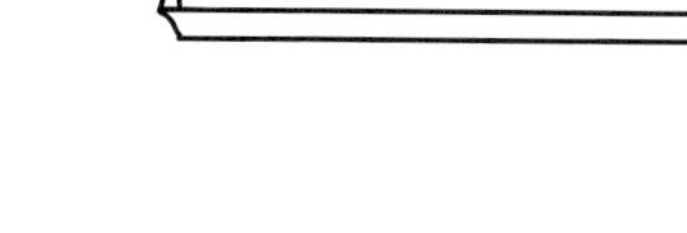

Lesen mit dem Hund

„Lesen mit dem Hund“ meint alle Lesehandlungen, die in Interaktion mit dem Hund erfolgen. Der Hund ist also direkt am Leseprozess beteiligt.

Blitzlesen

Das Blitzlesen fördert vor allem die Lesegeschwindigkeit, da ein schnelles Erkennen des Wortbildes notwendig ist, was Auswirkungen auf die Leseflüssigkeit haben kann. Das Hauptaugenmerk beim Blitzlesen liegt auf dem Üben und Wiederholen von häufigen Funktions- und Inhaltswörtern.

Das Blitzlesen mit dem Hund kann als festes Ritual oder nur als Einstieg in eine Lesetrainingsstunde genutzt werden. Hierfür sitzen alle Kinder im Sitzkreis. In der Mitte des Kreises befinden sich Blitzlesekarten, eine Sanduhr (ein oder zwei Minuten), Leckerlis und ein Snackball oder Schnüffelteppich. Sobald die Sanduhr umgedreht wird, kommt ein Kind nach dem anderen in die Mitte, nimmt sich eine Karte und liest das Wort. Für jedes erlesene Wort kommt ein Leckerli in den Snackball oder den Schnüffelteppich. Ist die Zeit abgelaufen, darf der Hund den Snackball oder den Schnüffelteppich leeren. Entweder die Anzahl der Leckerlis/Karten werden vorab gezählt oder die Kinder müssen genau aufpassen und beim Fressen des Hundes mitzählen. Die Anzahl der erlesenen Wörter kann jedes Mal aufgeschrieben und verglichen werden.

Das Blitzlesematerial kann den Kindern auch für die Freiarbeit zur Verfügung gestellt werden. Der Vorteil ist, dass die Kinder auch Leckerlis für den Hund sammeln können, wenn er nicht da ist.

Einsatzform: Lesen mit dem Hund

Setting: Klassenverband (Sitzkreis), Partner- oder Gruppenarbeit (Freiarbeit)

Material: Sanduhr, Snackball oder Schnüffelteppich, Wortkarten, Leckerlis

Teilfähigkeit: Lesegeschwindigkeit und Lesegenauigkeit

Aufgabe Hund: abwarten (Impulskontrolle)

Gefühlelesen

Das „Gefühle-Lesen“ macht Spaß und fördert die Motivation. Es ist eine der Lieblingsleseübungen meiner Klasse. Für diese Übung benötigt man einen Einsteckwürfel, in den Karten mit unterschiedlichen Emotionen gesteckt werden und Lesekarten mit Wörtern, Sätzen oder kleinen Texten. Der Hund würfelt ein Gefühl für ein Kind/mit einem Kind. Dieses zieht eine Lesekarte und liest diese mit der erwürfelten Emotion vor. Alternativ zum Würfel kann der Hund auch ein Glücksrad drehen, Karten ziehen oder Bodentargets mit den entsprechenden Bildern anlaufen. Das Material kann den Kindern mit oder ohne Hund auch in der Freiarbeit zur Verfügung gestellt werden.

Einsatzform: Lesen mit dem Hund

Setting: Klassenverband, Partner- oder Gruppenarbeit (Freiarbeit)

Material: Einsteckwürfel, Lesekarten/kleine Texte, Einsteckkarten „Gefühlelesen“ (KV1)

Teilfähigkeit: Leseflüssigkeit, Prosodie

Aufgabe Hund: würfeln

Katapult

Die Klasse bastelt vorab ein Katapult aus einem Bierdeckel, einer Wäscheklammer, einem Eisstiel und einem Flaschendeckel. Dazu werden die einzelnen Teile aufeinandergeklebt.
In der Mitte des Sitzkreises liegen viele Lesekarten nebeneinander. Je nach Auswahl der Inhalte kann diese Übung das Satzverstehen, die Lesegenauigkeit, das Leseverstehen, das Vorlesen oder die Lesestrategien (Fragen zum Text) fördern. Ein Kind schießt ein Leckerli mit dem Katapult in Richtung der Lesekarten. Die getroffene Karte wird erlesen oder beantwortet. Anschließend darf der Hund das Leckerli einsammeln.

 **Einsatzform:** Lesen mit dem Hund

 **Setting:** Klassenverband (Sitzkreis)

 **Material:** gebasteltes Katapult, Lesekarten/kleine Texte, Leckerlis

 **Teilfähigkeit:** je nach Auswahl

 **Aufgabe Hund:** abwarten (hohes Maß an Impulskontrolle)

Stolperwörter

Stolperwörter sind überflüssige Wörter in einem Satz, die von den Kindern identifiziert werden müssen. Mithilfe der Stolperwörter können die Lesegenauigkeit und das Leseverständnis trainiert werden. Im Lesetraining zieht der Hund einen Satzstreifen aus der Hand eines Kindes. Spielkartenhalter können den Kindern dabei helfen, die Karten besser zu halten. Alternativ kann der Hund den Satzstreifen auch apportieren oder aber die Kinder wählen selbst, ohne den Hund. Anschließend wird das Stolperwort in dem Satz identifiziert und ein Leckerli daraufgelegt. Das Wort kann auch mithilfe von Quetschies (püriertem Obst) auf dem Satzstreifen durchgestrichen werden.

Einsatzform:	Lesen mit dem Hund
Setting:	Klassenverband, Einzel- oder Partnerarbeit, Freiarbeit
Material:	Leckerlis, Satzstreifen (mit Sätzen, die ein Stolperwort enthalten)
Teilfähigkeit:	Lesegenauigkeit, Leseverständnis

Schlauleser

Diese Übung fördert das laute Vorlesen und auch das Überwinden von Hemmungen beim lauten Vorlesen. Alle Kinder in der Klasse haben ein Blatt vor sich liegen, auf dem nur ein Hund abgebildet ist. Ausgewählte Kinder erhalten Fliegenklatschen (4–6 Stück), an denen die Malanweisungen befestigt sind. Die Kinder halten dem Hund die Fliegenklatsche hin und auf ein Signal (stups) läuft der Hund los und wählt durch Anstupsen der Fliegenklatsche sowohl das Kind als auch die Karte aus. Das Kind liest die Malanweisung vor und die anderen Kinder malen.
Alternativ kann der Hund die Karten vorne gemeinsam mit einem Kind durch Ziehen auswählen oder apportieren.

Einsatzform:	Lesen mit dem Hund
Setting:	Klassenverband, Partner- oder Gruppenarbeit
Material:	Fliegenklatschen, Arbeitsblatt „Schlauleser“ (KV2)
Teilfähigkeit:	Leseflüssigkeit, lautes Lesen
Aufgabe Hund:	apportieren

Tricklesen

Es stehen Karten mit Sätzen oder kurzen Texten passend zu den Tricks, die der Hund kann, zur Verfügung. Ein Kind wählt eine Karte und liest sie. Anschließend führt das Kind den Trick mit dem Hund aus. Aufgabe der anderen Kinder ist es, den passenden Satz/Text zum Trick auf einem Arbeitsblatt zu finden und mit der entsprechenden Zahl zu markieren.

 **Einsatzform:** Lesen mit dem Hund

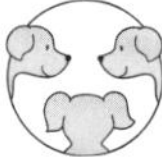 **Setting:** Klassenverband (Sitzkreis)

 **Material:** Arbeitsblatt „Tricklesen" (KV 3a), Anweisungskarten „Tricklesen" (KV 3b)

 **Teilfähigkeit:** Leseverstehen trainieren

 **Aufgabe Hund:** Tricks ausführen

Lesekegeln

Nummerierte Bildkarten (KV4) werden in Flaschen gesteckt oder außen befestigt. Die Flaschen werden in einer Reihe aufgestellt (so, dass beim Stupsen nur eine Flasche umfallen kann). Alle Kinder haben ein Arbeitsblatt (KV4) mit passenden Sätzen zu den verschiedenen Bildern. Der Hund wird von einem Kind oder der Lehrkraft geschickt, um eine Flasche mit der Nase oder der Pfote umzustupsen. Das ausgewählte Bild wird den anderen Kindern gezeigt und sie suchen dann den passenden Satz. Wird diese Übung auf Zeit durchgeführt, kann man ebenfalls das Lesetempo der Kinder trainieren.

 **Einsatzform:** Lesen mit dem Hund

 **Setting:** Klassenverband, Einzel- oder Gruppenarbeit

 **Material:** PET-Flaschen, Bild- und Textkarten „Lesekegeln" (KV4)

 **Teilfähigkeit:** Leseverstehen trainieren, Lesetempo

 **Aufgabe Hund:** Flaschen anstupsen

Angelspiel

Man benötigt magnetische Metalldosen oder Filmdosen, an denen ein Magnet befestigt wird, außerdem eine Angel und eine Kiste, aus der die Kinder angeln. Leseaufgaben (KV5) oder auch Fragen zu einem Text, werden zusammen mit einem Leckerli verstaut. Die Motivation erfolgt somit durch das Spiel an sich, aber auch durch die zusätzliche Gabe des Leckerlis nach erfolgreichen Lesen/Beantworten.
Wenn das Material in der Freiarbeit verwendet wird, können die Leckerlis für den Hund (ob anwesend oder nicht) gesammelt werden.

Einsatzform: Lesen mit dem Hund

Setting: Klassenverband (Sitzkreis), Freiarbeit

Material: Filmdosen mit Magnet oder Metalldosen, Angel, Kiste, Leckerlis, Leseaufgaben „Angelspiel“ (KV5)

Teilfähigkeit: Leseflüssigkeit, Leseverstehen

Aufgabe Hund: abwarten (Impulskontrolle)

Fotolesen

In einem Einsteckwürfel befinden sich sechs verschiedene Fotos des Hundes. Auf den Tischen der Kinder liegen zu jedem Bild mehrere passende Satzkarten. Der Hund würfelt mit einem Kind und die Gruppen suchen einen passenden Satz und lesen ihn vor. Alternativ hat jedes Kind ein Arbeitsblatt mit den Sätzen. Jedem Bild wird hierbei eine Farbe zugeordnet. Das Kind kreist nach Erwürfeln des Bildes den passenden Satz ein.
Statt des Würfels können für den Hund auch ein Glücksrad oder Fliegenklatschen verwendet werden. Glücksräder gibt es von verschiedenen Anbietern, sowohl stehend zum Drehen aus Holz als auch elektrisch mit Taster.

Einsatzform: Lesen mit dem Hund

Setting: Klassenverband, Gruppen- oder Einzelarbeit, Freiarbeit

Material: Einsteckwürfel, Fotos des Hundes, passende Satzkarten

Teilfähigkeit: Leseverstehen trainieren

Aufgabe Hund: würfeln

Mitlesen

Das flüssige Lesen gelingt besonders gut mit Lautleseverfahren. Besonders motivierend ist es, wenn der Lesetext vom Hund „vorgelesen" wird. Der Hund betätigt den Buzzer, der zuvor mit dem entsprechenden Text/Textabschnitt besprochen wurde. Jedes Kind hat den Text vor sich liegen und liest halblaut mit. Danach können die Kinder den Text/Textabschnitt selbstständig halblaut erneut lesen. Eine weitere Möglichkeit ist es, den Hund QR-Codes (hinter denen der gesprochene Text hinterlegt ist) mitbringen zu lassen.

Einsatzform:	Lesen mit dem Hund
Setting:	Klassenverband, Freiarbeit
Material:	besprechbare Buzzer, Arbeitsblatt mit Text
Teilfähigkeit:	Leseflüssigkeit
Aufgabe Hund:	Buzzer betätigen

Dialogisches Lesen

Durch das dialogische Lesen wird nicht nur die Lesekompetenz verbessert, sondern auch ein tieferes Verständnis für die Geschichte entwickelt, die Sprachentwicklung gefördert und eine positive Einstellung zum Lesen ausgebildet.
Diese Methode kann vor allem in die Freiarbeit eingebunden werden. Die Teile, die vom Hund „gelesen" werden, werden vorbereitend auf besprechbare Buzzer aufgesprochen. Ratsam ist es hierfür, die Buzzer vorab zu nummerieren. Das Kind erhält zuvor Gelegenheit, den Dialog zu lesen und vorzubereiten. Anschließend lesen Kind und Hund im Dialog. Im Anschluss kann der Dialog den anderen Kindern präsentiert werden. Möchte man die Methode gemeinsam mit der ganzen Klasse anwenden, bereiten alle Kinder den Dialog vor. Der Hund liest dann abwechselnd mit verschiedenen Kindern.

Einsatzform:	Lesen mit dem Hund
Setting:	Einzelarbeit (Freiarbeit), Klassenverband
Material:	besprechbare Buzzer, Text „Dialogisches Lesen" (KV6)
Teilfähigkeit:	Leseflüssigkeit, Leseverstehen, Prosodie
Aufgabe Hund:	Buzzer betätigen

Zaubertricks mit Hund

Zaubertricks gemeinsam im Klassenverband einzusetzen, ist schwierig. Sie können aber durch die Lehrkraft vorgeführt werden und dazu genutzt werden, die Motivation der Kinder zu wecken. Anschließend kann man die Zaubertricks in der Freiarbeit oder für schnelle Leser zur Verfügung stellen. Es ist aber auch denkbar, den Kindern in Gruppenarbeit verschiedene Tricks zu geben, die sie vorbereiten und mit dem Hund trainieren, um sie dann am Ende vor der Klasse oder auch den Eltern vorzuführen. Lesen wird so zu einem magischen Erlebnis mit dem Hund.

Der Hund kann in den Trick eingebunden werden
- als Assistent, der Zauberutensilien bringt.
- als Verzauberter.
- als Zauberer, der z. B. durch Pfote auflegen den Zauber vollführt.

Die Auswahl der Zaubertricks sollte je nach Können und/oder Impulskontrolle des Hundes erfolgen und natürlich immer die Sicherheit aller Beteiligten berücksichtigen. Außerdem muss vor allem beim Einbinden des Hundes als „Verzauberter“ darauf geachtet werden, dass man den Hund nicht frustriert und nicht „gemein“ dem Hund gegenüber ist.

Einsatzform:	Lesen mit dem Hund
Setting:	Gruppenarbeit, Freiarbeit
Material:	je nach Zaubertick, Knochen, Tuch, Zaubertrick „Der verschwundene Knochen“ (KV7)
Teilfähigkeit:	Leseverstehen trainieren
Aufgabe Hund:	je nach Zaubertrick

Ich – Du – Wir – Hund

Das Lautleseverfahren mit dem „Ich – Du – Wir – Hund“-Würfel ist eine interaktive und kooperative Methode, die das laute Lesen fördert. Die Kinder haben die Möglichkeit, miteinander und voneinander zu lernen. Die Methode kann sowohl im Klassenverband als auch in der Kleingruppe durchgeführt werden.

Vorbereitend wird ein Einsteckwürfel bestückt mit:

Ich:	Das Kind, das würfelt, liest selbst.
Du:	Ein anderes Kind, das liest, wird ausgewählt.
Wir:	Alle lesen zusammen.
Hund:	Der Hund liest vor.
Lehrkraft:	Die Lehrkraft liest vor.
Joker:	freie Wahl

Es müssen nicht alle Vorlesevarianten genutzt werden, es kann aus den Vorhandenen ausgewählt werden.
Jedes Kind bekommt ein Arbeitsblatt mit Sätzen, kleinen Texten oder einem Text, der in Abschnitte unterteilt ist. Ein Kind würfelt allein oder gemeinsam mit dem Hund und bestimmt, wer lesen darf.
Für den Einsatz des Hundes in diesem Setting gibt es verschiedene Möglichkeiten. Es können besprechbare Buzzer mit den entsprechenden Sätzen, Texten oder Textabschnitten vorbereitet werden, sodass der Hund mithilfe des Buzzers auch vorlesen kann. Ratsam ist es hierfür, sowohl die Sätze, Texte oder Textabschnitte als auch die Buzzer zu nummerieren. Das Bild des Hundes kann aber auch für eine Streichelzeit mit dem Hund stehen, die beendet wird, sobald das nächste Kind den Hund würfelt (oder der Hund nicht mehr möchte).
Diese Übung kann auch in der Gruppenarbeit oder Freiarbeit durchgeführt werden. Wird in diesem Rahmen der Hund gewürfelt, kann das Streichelzeit, ein Leckerli für den Hund (kann auch gesammelt werden) oder das Vorlesen durch den Hund mit dem Buzzer bedeuten.
Anstatt des Würfels kann auch ein Glücksrad zum Drehen verwendet werden.

Einsatzform:	Lesen mit dem Hund
Setting:	Klassenverband, Gruppenarbeit, Freiarbeit
Material:	Einsteckwürfel, besprechbare Buzzer, Arbeitsblatt mit Sätzen/Texten, Einsteckkarten „Ich – Du – Wir – Hund“
Teilfähigkeit:	Leseflüssigkeit, Lesegeschwindigkeit
Aufgabe Hund:	würfeln

KV 1 Einsteckkarten „Gefühlelesen"

für Einsteckwürfel 10 cm × 10 cm
(Das Arbeitsblatt muss hierfür auf A3 ausgedruckt bzw. hochskaliert werden)

 **cool**	 **wütend**
 **verliebt**	 **überrascht**
 **traurig**	 **stolz**

Arbeitsblatt „Schlauleser"

Der Hund sitzt auf einer grünen Wiese. Auf der Wiese wachsen fünf rote Blumen.

Der Hund hat eine gelbe Blume gepflückt. Er hält sie in seiner Pfote.

Über dem Hund summt es laut. Es fliegen drei Bienen über seinem Kopf.

Vor dem Hund sitzt eine hübsche Hündin. Sie ist braun und trägt ein rotes Halsband.

Es ist Sommer und warm. Am Himmel scheint die Sonne.

Den Hund kribbelt es. Auf seinem Rücken krabbelt eine grüne Raupe.

KV 3a Arbeitsblatt „Tricklesen"

Schau, welchen Trick der Hund macht, und finde den passenden Satz.
Schreibe die Nummer neben den Satz.

Der Hund sitzt auf seiner Decke. Das Kind kniet vor dem Hund und hält dem Hund seine Hand hin. Der Hund legt seine Pfote auf die Hand. ◯

Der Hund sitzt auf seiner Decke. Das Kind kniet vor dem Hund und hält dem Hund seine Hand hin. Der Hund legt seinen Kopf auf der Hand ab. ◯

Der Hund sitzt auf seiner Decke. Das Kind kniet vor dem Hund und hält dem Hund die Faust hin. Der Hund stupst die Faust an. ◯

Der Hund steht auf seiner Decke. Das Kind steht vor dem Hund und gibt ein Handzeichen. Der Hund legt sich hin. ◯

Der Hund steht auf seiner Decke. Das Kind steht vor dem Hund und gibt ein Handzeichen. Der Hund setzt sich hin. ◯

Der Hund steht auf seiner Decke. Das Kind steht vor dem Hund und gibt ein Handzeichen. Das Kind geht vom Hund weg und wieder zu ihm zurück. ◯

KV 3b Anweisungskarten „Tricklesen“

Schicke den Hund auf die Decke. Zeige dem Hund das Handzeichen für „Sitz“. Kniee dich vor den Hund. Halte dem Hund die Hand hin, damit er dir die Pfote gibt oder seinen Kopf auf deiner Hand ablegt. Lobe und belohne den Hund.

Schicke den Hund auf die Decke. Zeige dem Hund das Handzeichen für „Sitz“. Kniee dich vor den Hund. Halte dem Hund die Faust hin, damit er sie mit der Schnauze anstupst. Lobe und belohne den Hund.

Schicke den Hund auf die Decke. Stelle dich vor den Hund. Zeige dem Hund das Handzeichen für „Sitz“. Lobe und belohne den Hund.

Schicke den Hund auf die Decke. Stelle dich vor den Hund. Zeige dem Hund das Handzeichen für „Platz“. Lobe und belohne den Hund.

Schicke den Hund auf die Decke. Zeige dem Hund das Handzeichen für „Sitz“. Zeige dem Hund das Handzeichen für „Warte“. Gehe 5 Schritte von dem Hund weg und dann wieder zu ihm. Lobe und belohne ihn, wenn er gewartet hat.

KV 4 Bild- und Textkarten „Lesekegeln“

Der Hund hat langes Fell. Um den Hals trägt der Hund ein Halsband mit einem Anhänger. Der Anhänger hat die Form eines Herzes.	Der Hund hat langes Fell. Er trägt ein Halsband mit einem Anhänger. Der Anhänger hat die Form eines Knochens.
Der Hund ist groß. Er hat kurzes Fell und Flecken. Der Hund trägt ein Halsband. Neben dem Hund liegt ein Ball.	Der Hund ist groß. Er hat kurzes Fell und Flecken. Der Hund trägt ein Geschirr. Neben dem Hund liegt ein Ball.
Der Hund ist groß. Er trägt kein Halsband. Der Hund hat lange Schlappohren.	Der Hund ist groß. Er trägt kein Halsband. Der Hund hat kleine Stehohren.

KV 5 Leseaufgaben „Angelspiel"

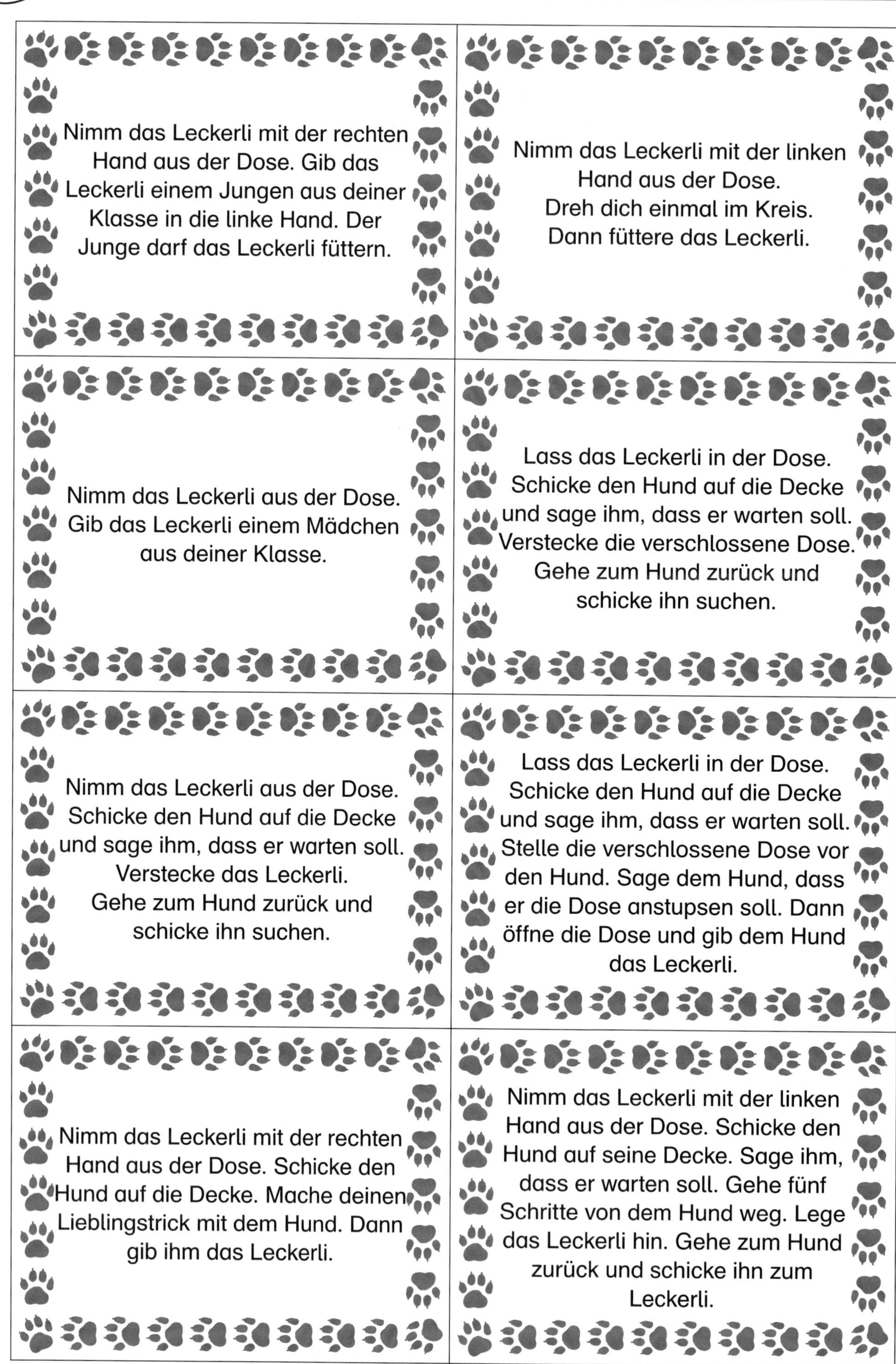

Nimm das Leckerli mit der rechten Hand aus der Dose. Gib das Leckerli einem Jungen aus deiner Klasse in die linke Hand. Der Junge darf das Leckerli füttern.	Nimm das Leckerli mit der linken Hand aus der Dose. Dreh dich einmal im Kreis. Dann füttere das Leckerli.
Nimm das Leckerli aus der Dose. Gib das Leckerli einem Mädchen aus deiner Klasse.	Lass das Leckerli in der Dose. Schicke den Hund auf die Decke und sage ihm, dass er warten soll. Verstecke die verschlossene Dose. Gehe zum Hund zurück und schicke ihn suchen.
Nimm das Leckerli aus der Dose. Schicke den Hund auf die Decke und sage ihm, dass er warten soll. Verstecke das Leckerli. Gehe zum Hund zurück und schicke ihn suchen.	Lass das Leckerli in der Dose. Schicke den Hund auf die Decke und sage ihm, dass er warten soll. Stelle die verschlossene Dose vor den Hund. Sage dem Hund, dass er die Dose anstupsen soll. Dann öffne die Dose und gib dem Hund das Leckerli.
Nimm das Leckerli mit der rechten Hand aus der Dose. Schicke den Hund auf die Decke. Mache deinen Lieblingstrick mit dem Hund. Dann gib ihm das Leckerli.	Nimm das Leckerli mit der linken Hand aus der Dose. Schicke den Hund auf seine Decke. Sage ihm, dass er warten soll. Gehe fünf Schritte von dem Hund weg. Lege das Leckerli hin. Gehe zum Hund zurück und schicke ihn zum Leckerli.

Dialogisches Lesen

Spielen

Kind: „Hast du Lust, ein Spiel mit mir zu spielen?“

Hund: „Ich liebe es zu spielen. Welches Spiel möchtest du spielen?“

Kind: „Verstecken. Ich verstecke mich und du suchst mich.“

Hund: „Oh super. Mit meiner Supernase finde ich dich bestimmt schnell.“

Kind: „Lass uns loslegen.“

Hund: „Ich zähle bis 10 und dann komme ich dich suchen. 1, 2, 3, …“

Gefühle

Kind: „Hast du auch manchmal Angst?“

Hund: „Ja, auch Hunde können Angst haben.“

Kind: „Wann hast du Angst?“

Hund: „Ich habe Angst, wenn es donnert und blitzt:“

Kind: „Was hilft dir, wenn du Angst hast?“

Hund: „Mir hilft kuscheln, wenn ich Angst habe. Möchtest du mit mir kuscheln, wenn ich Angst habe?“

Kind: „Ich bin immer für dich da.“

KV 7 Zaubertrick „Der verschwundene Knochen"

Du brauchst:

- einen kleinen Knochen
- ein Tuch

So gehst du vor:

1. Zeige dem Hund den Knochen.
2. Lege das Tuch auf den Boden. Tue so, als würdest du den Knochen unter dem Tuch verstecken, behalte ihn aber in der Hand.
3. Sage „Abrakadabra".
4. Lasse deinen Hund nach dem Leckerli suchen.
5. Bevor der Hund frustriert ist, halte ihm die Faust hin und gib ihm das Leckerli.

KV 8 Einsteckkarten „Ich-Du-Wir-Hund"

für Einsteckwürfel 10 cm × 10 cm
(Das Arbeitsblatt muss hierfür auf A3 ausgedruckt bzw. hochskaliert werden)

Ich

Du

Wir

Hund

Joker

Lehrerin/Lehrer

Lesestrategien mit dem Hund

Das Anwenden von Lesestrategien ist ein wichtiger Bestandteil der Lesekompetenz. Lesestrategien helfen dabei, den Inhalt des Textes zu erfassen und zu verstehen.

Versteckte Überschriften und Bilder

Die Vorentlastung von Texten ist eine wichtige Lesestrategie. Vor dem Lesen werden Überschriften und Bilder analysiert, um das Vorwissen zu aktivieren, Vermutungen anzustellen und Interesse zu wecken. Die Überschriften/Zwischenüberschriften werden im Raum versteckt. Entweder werden nur Leckerlis zu den Überschriften gelegt oder die Überschriften werden in Dummies gesteckt. Dann wird der Hund auf die Suche geschickt. Wichtig ist, dass der Hund nach jeder gefundenen Überschrift auf seinen Platz zurückkehrt, damit die Kinder Zeit haben, die Überschrift zu lesen und zu analysieren. Alternativ kann der Hund die Überschriften auch in einem Rucksack zu den Kindern bringen. Ebenso kann mit Bildern zu einem Text verfahren werden.

Einsatzform:	Lesen mit dem Hund
Setting:	Klassenverband (Sitzkreis)
Material:	Leckerlis, Textstreifen mit Überschriften/Bilder
Teilfähigkeit:	Lesestrategien anwenden, Vorentlastung von Texten
Aufgabe Hund:	Überschriften suchen

Vorentlastung von Texten – Gegenstände

Je nach Text können auch passende Gegenstände zur Vorentlastung des Textes verwendet werden. Der Hund kann diese, in einem Rucksack oder einem Säckchen/Dummy, das am Geschirr befestigt ist, zu den Kindern bringen. Die Kinder stellen dann anhand der gebrachten Gegenstände Vermutungen zum Text an.

Einsatzform:	Lesen mit dem Hund
Setting:	Partner- oder Gruppenarbeit
Material:	Säckchen oder Dummies, Dosen, zum Text passende Gegenstände
Teilfähigkeit:	Lesestrategien anwenden, Vorentlastung von Texten
Aufgabe Hund:	Rucksack/Säckchen bringen

Wonach schauen wir?

In einen Einsteckwürfel werden die Begriffe „Grafiken/Karten/Diagramme, Bilder, Überschrift, Zwischenüberschriften, Abschnitte und Länge“ gegeben. Die Begriffe sollten vorab mit den Kindern erarbeitet werden. Sie können auch durch eigene oder zusätzliche Begrifflichkeiten ergänzt werden. Der Hund würfelt und die Kinder analysieren den Text im Hinblick auf das gewürfelte Element und äußern ihre Ideen und Vermutungen.

Einsatzform:	Lesen für den Hund
Setting:	Partner- oder Gruppenarbeit
Material:	Einsteckwürfel, Einsteckkarten „Wonach schauen wir?“ (KV1)
Teilfähigkeit:	Lesestrategien anwenden, Vorentlastung von Texten
Aufgabe Hund:	würfeln

Der Hund als Wörterbuch – unbekannte Wörter

Um den Text für die Kinder zu entlasten und das Leseverstehen zu steigern, ist das Klären von unbekannten Wörtern wichtig. Der Hund kann an dieser Stelle als „Wörterbuch“ fungieren. Vorab wird das Wort auf eine Karte geschrieben und Buzzer werden mit der entsprechenden Erklärung besprochen. Eine Möglichkeit ist, die Erklärung der unbekannten Wörter vor dem Lesen des Textes gemeinsam im Sitzkreis anzuhören. Oder die Kinder lesen den Text, markieren unbekannte Wörter, sprechen eventuell in der Gruppe noch einmal darüber und kommen dann in den Sitzkreis, um den Hund zu „befragen“.
Sind keine Buzzer verfügbar, kann der Hund die Worterklärungen auch in einem Rucksack zu den Kindern bringen.

Einsatzform:	Lesen mit dem Hund
Setting:	Klassenverband, Einzelarbeit
Material:	besprechbare Buzzer, Wortkarten
Teilfähigkeit:	Lesestrategien anwenden
Aufgabe Hund:	Buzzer betätigen

Lesestrategien mit dem Hund

Schlüsselbegriffe suchen

Wenn die Kinder Schlüsselbegriffe identifizieren können, können sie den Hauptinhalt und die wichtigen Informationen eines Textes besser erfassen. Die Schlüsselbegriffe werden auf Karten geschrieben und im Raum versteckt. Entweder werden nur Leckerlis zu den Schlüsselbegriffen gelegt oder diese werden in Dummies gesteckt. Nachdem die Kinder den Text gelesen haben, sucht der Hund für die Kinder die Schlüsselbegriffe, die diese dann im Text wiederfinden und die Bedeutung erklären. Alternativ kann der Hund die Schlüsselbegriffe auch in einem Rucksack zu den Kindern bringen.

Einsatzform: Lesen mit dem Hund

Setting: Klassenverband, Einzelarbeit

Material: Leckerlis, gegebenenfalls Dummies, Karten mit Schlüsselbegriffen

Teilfähigkeit: Lesestrategien anwenden, Vorentlastung von Texten

Aufgabe Hund: apportieren

Schlüsselbegriffe mit Leckerlis markieren

Eine weitere Möglichkeit, das Erfassen von Schlüsselwörtern zu trainieren, ist diese mit Leckerlis zu markieren. Bei dieser Übung liest jedes Kind den Text zuerst für sich und markiert Schlüsselbegriffe. Zur Überprüfung sitzen die Kinder zusammen im Sitzkreis und in der Mitte liegt der Text, allerdings deutlich vergrößert. Die Kinder nennen nach und nach ihre Schlüsselbegriffe, erklären sie und markieren sie mit einem Leckerli, welches der Hund am Ende fressen darf.

Einsatzform: Lesen mit dem Hund

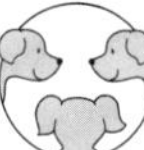

Setting: Einzelarbeit, Klassenverband (Sitzkreis)

Material: Leckerlis, vergrößert kopierter Text

Teilfähigkeit: Lesestrategien trainieren

Aufgabe Hund: abwarten (Impulskontrolle)

Finderlohn

Die Schlüsselbegriffe des Textes werden von der Lehrkraft vorbereitet und auf Kärtchen geschrieben. Nachdem die Kinder den Text gelesen und Schlüsselwörter markiert haben, werden diese im Klassenverband überprüft. Hierfür liegen vorbereitete Karten mit je einem Schlüsselbegriff sowie ein Behälter, auf dem „Finderlohn" steht, bereit. Die Kinder ziehen zusammen mit dem Hund einen Schlüsselbegriff. Hat mehr als die Hälfte (die Anzahl der Kinder kann mit mehr Übung gesteigert werden) der Klasse diesen Begriff auch gefunden, gibt es für den Hund einen Finderlohn in Form eines Leckerlis.

Einsatzform:	Lesen mit dem Hund
Setting:	Einzelarbeit
Material:	Leckerlis, Behälter mit Aufschrift „Finderlohn", Wortkarten mit Schlüsselbegriffen
Teilfähigkeit:	Lesestrategien anwenden
Aufgabe Hund:	abwarten (Impulskontrolle)

Tippgeber

Um den Kindern eine Hilfestellung beim Unterteilen von Texten in Abschnitte zu geben, kann der Hund als „Tippgeber" fungieren, indem er mithilfe von besprechbaren Buzzern das erste und letzte Wort eines Abschnittes nennt.
Während der Hund die „Tipps" gibt, suchen die Kinder die genannten Wörter im Text und markieren sie. Dies ist eine gute Übung zur Einführung dieser Lesestrategie und eine Vorbereitung für das anschließende Finden von Zwischenüberschriften. Alternativ kann der Hund auch Karten zu den Kindern bringen, auf denen die Wörter stehen.

Einsatzform:	Lesen mit dem Hund
Setting:	Einzelarbeit, Klassenverband (Sitzkreis)
Material:	besprechbare Buzzer
Teilfähigkeit:	Lesestrategien anwenden
Aufgabe Hund:	Buzzer betätigen

Lesestrategien mit dem Hund

Abschnitte ordnen

Die einzelnen Textabschnitte werden im Raum versteckt. Entweder werden nur Leckerlis zu den Textabschnitten gelegt oder diese werden in Dummies gesteckt. Nachdem die Kinder den Text gelesen haben, sucht der Hund für die Kinder die Abschnitte. Die gefundenen Abschnitte werden von den Kindern vorgelesen und müssen dann in die richtige Reihenfolge gebracht werden. Zusätzlich kann sich zur Kontrolle ein Lösungswort, eine Belohnung (Ball, Schnüffelteppich, Streicheln, Kausnack, etc.) für den Hund ergeben. Die Übung kann auch zur Kontrolle genutzt werden, nachdem die Kinder die Abschnitte auf einem Arbeitsblatt bereits geordnet haben.

Einsatzform:	Lesen mit dem Hund
Setting:	Klassenverband, Einzelarbeit
Material:	Leckerlis, vorbereitete Textabschnitte
Teilfähigkeit:	Lesestrategien anwenden, Vorentlastung von Texten
Aufgabe Hund:	apportieren

W-Fragen

Das Stellen von W-Fragen ist eine grundlegende Lesestrategie und kann bereits mit sehr kurzen Texten ab der 1./2. Klasse trainiert werden. Es wird mit den Fragen „Wer?“, „Was?“, „Wann?“ und „Wo?“ begonnen, später werden sie durch die Fragen „Wie?“ und „Warum?“ ergänzt. Der Text wird zuerst von allen Kindern gelesen oder bei kurzen Texten von einem Kind vorgelesen. Dann dreht der Hund ein Glücksrad, das mit den Fragen bestückt ist. Ein Kind stellt die passende Frage zum Text und die anderen Kinder beantworten sie. Wird keine Frage, sondern das Bild des Hundes erdreht, erhält dieser eine zusätzliche Belohnung oder Streichelzeit. Glücksräder gibt es von verschiedenen Anbietern, sowohl stehend zum Drehen aus Holz als auch elektrisch mit Taster. Die Übung muss mit dem Hund vorab trainiert werden. Statt des Glücksrades kann der Hund die W-Fragen auch mit einem Einsteckwürfel erwürfeln.

Einsatzform:	Lesen mit dem Hund
Setting:	Klassenverband (Sitzkreis, Freiarbeit)
Material:	Glücksrad „W-Fragen“ (KV2)
Teilfähigkeit:	Lesestrategien trainieren
Aufgabe Hund:	Glücksrad drehen

W-Fragen: Hund gibt Antwort – Kinder finden die Frage

Um das Stellen von W-Fragen zu trainieren, kann der Hund die passende Antwort zum Text mithilfe von vorher besprochenen Buzzern geben. Aufgabe der Kinder ist es dann, die passende Frage zu formulieren. Als Hilfe können die passenden Fragen in der Mitte des Sitzkreises ausgelegt und zugeordnet werden. Alternativ zu den besprechbaren Buzzern, kann der Hund den Kindern Karten mit QR-Codes bringen oder ziehen, die die Kinder scannen oder aber Karten mit Antworten, die die Kinder vorlesen.

Einsatzform: Lesen mit dem Hund

Setting: Klassenverband – Sitzkreis

Material: besprechbare Buzzer, vorbereitete Fragen

Teilfähigkeit: Lesestrategien trainieren

Aufgabe Hund: Buzzer betätigen

Stimmt das?

Das Zusammenfassen von Textabschnitten hilft den Kindern, Texte besser zu verstehen und zu verarbeiten. Bei dieser Übung müssen die Kinder den Text noch nicht selbst zusammenfassen, sondern entscheiden, ob die Zusammenfassung zum Text passt oder nicht. Nachdem die Kinder den Text gelesen haben, fasst der Hund die Textabschnitte zusammen, indem er vorbereitete besprechbare Buzzer betätigt. Es gibt allerdings nicht nur richtige und passende Zusammenfassungen, sondern auch falsche. Die Kinder diskutieren und entscheiden, ob die Zusammenfassung zum Textabschnitt passt.
Es können statt der Buzzer auch Karten mit Zusammenfassungen der Abschnitte vom Hund gesucht, gebracht oder gezogen werden, die von einem Kind vorgelesen werden. Oder die Kinder wählen und lesen die Zusammenfassung und legen ein Leckerli neben die korrekten Zusammenfassungen.

Einsatzform: Lesen mit dem Hund

Setting: Partner- oder Gruppenarbeit

Material: besprechbare Buzzer

Teilfähigkeit: Lesestrategien trainieren, Texte zusammenfassen

Aufgabe Hund: Buzzer betätigen

Abschnitte zusammenfassen

Die Abschnitte eines Textes werden vorab nummeriert und jedes Kind liest den Text für sich. Anschließend entscheidet der Hund durch Würfeln, welche Abschnitte zusammengefasst werden. Abgewandelt werden kann die Übung, indem nach dem Lesen durch das Ziehen von Zahlen Gruppen gebildet werden. Die Zahlen entsprechen den Abschnitten. Die Gruppen fassen ihren Textabschnitt gemeinsam zusammen. Im Anschluss entscheidet der Hund, welche Gruppen ihre Zusammenfassung vortragen.

Einsatzform: Lesen mit dem Hund

Setting: Gruppenarbeit, Klassenverband

Material: großer Zahlenwürfel, nummerierte Textabschnitte

Teilfähigkeit: Lesestrategien trainieren, Texte zusammenfassen

Aufgabe Hund: würfeln

Richtig oder falsch?

Nach dem Lesen des Textes liegen Satzstreifen mit Aussagen zu dem Text in der Mitte der Klasse. Neben den Aussagen steht je eine Dose mit einem roten und eine Dose mit einem grünen Punkt, oder je ein roter und ein grüner Kegel. Entsprechend der Aussage ist entweder in der grünen (richtig) oder in der roten (falsch) Dose ein Leckerli. Die Kinder lesen die Aussage zum Text und entscheiden, ob sie richtig oder falsch ist. Die Kontrolle erfolgt durch das Leckerli in der Dose. Diese Übung kann auch unabhängig von einem Text mit Aussagen, beispielsweise zum Hund, umgesetzt werden.

Einsatzform: Lesen mit dem Hund

Setting: Klassenverband

Material: Dosen (mit grünem und rotem Punkt) oder kleine Kegel, Satzstreifen mit Aussagen zum Text, Leckerlis

Teilfähigkeit: Lesestrategien trainieren

Aufgabe Hund: abwarten (Impulskontrolle), fressen

Fragen zum Text

Das Stellen von Fragen zu einem Text kann im Lesetraining mit dem Hund auf verschiedene Weisen erfolgen: besprechbare Buzzer, Karten ziehen, Karten bringen, Glücksrad drehen etc. Es können auch Fragen verwendet werden, die von den Kindern vorbereitet wurden.

 **Einsatzform:** Lesen mit dem Hund

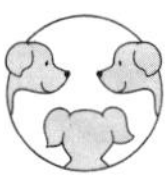 **Setting:** Partner- oder Gruppenarbeit

 **Material:** je nach Umsetzung

 **Teilfähigkeit:** Lesestrategien trainieren

 **Aufgabe Hund:** je nach Umsetzung

KV 1 Einsteckkarten „Wonach schauen wir?"

für Einsteckwürfel 10 cm × 10 cm
(Das Arbeitsblatt muss hierfür auf A3 ausgedruckt bzw. hochskaliert werden)

Grafiken / Karten / Diagramme

Bilder

Überschrift

Zwischen-überschriften

Abschnitte

Länge

KV 2 Glücksrad „W–Fragen"

KV 2 Glücksrad „W-Fragen"

KV 2

Glücksrad „W–Fragen"

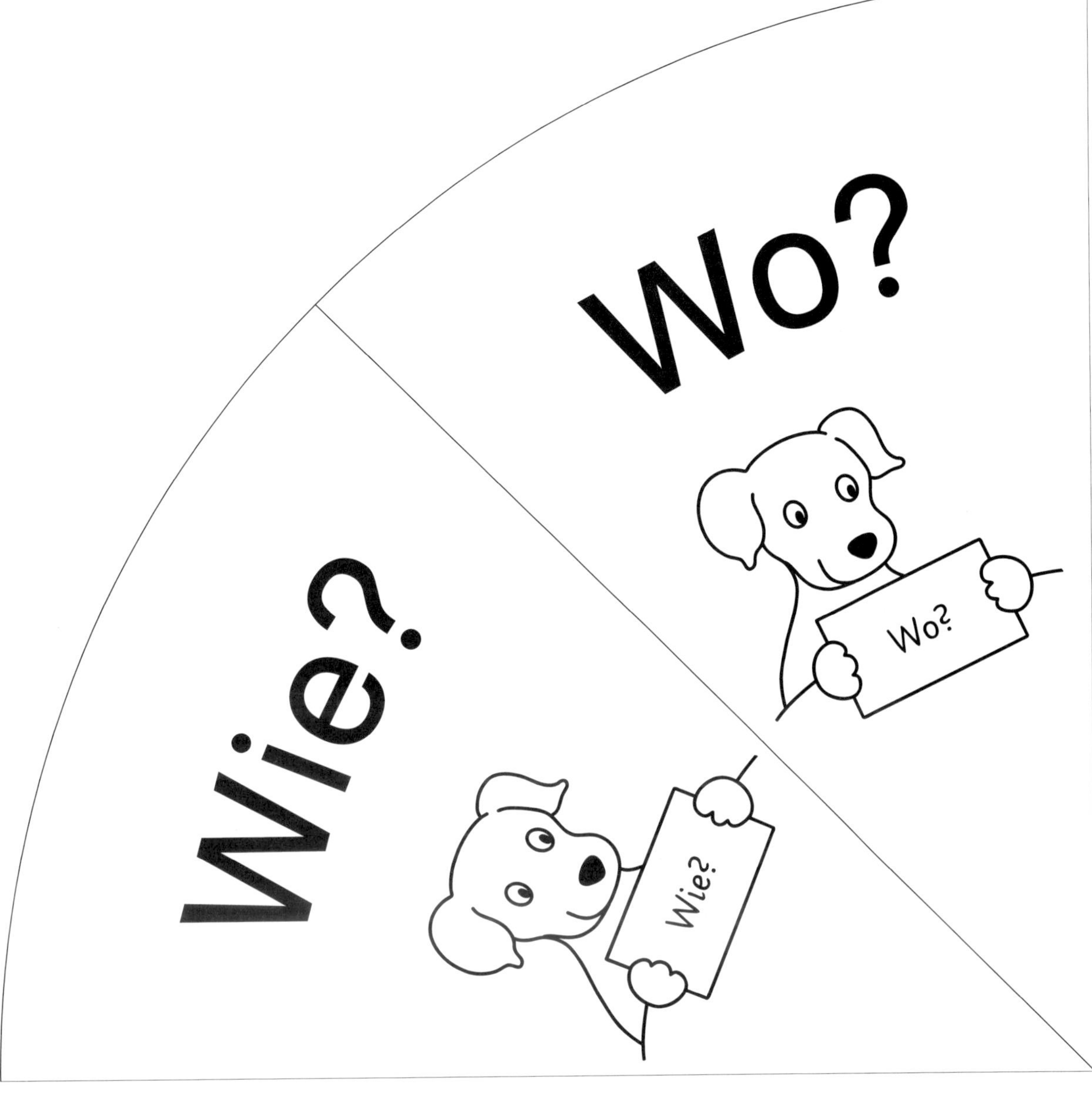

Glücksrad „W–Fragen"

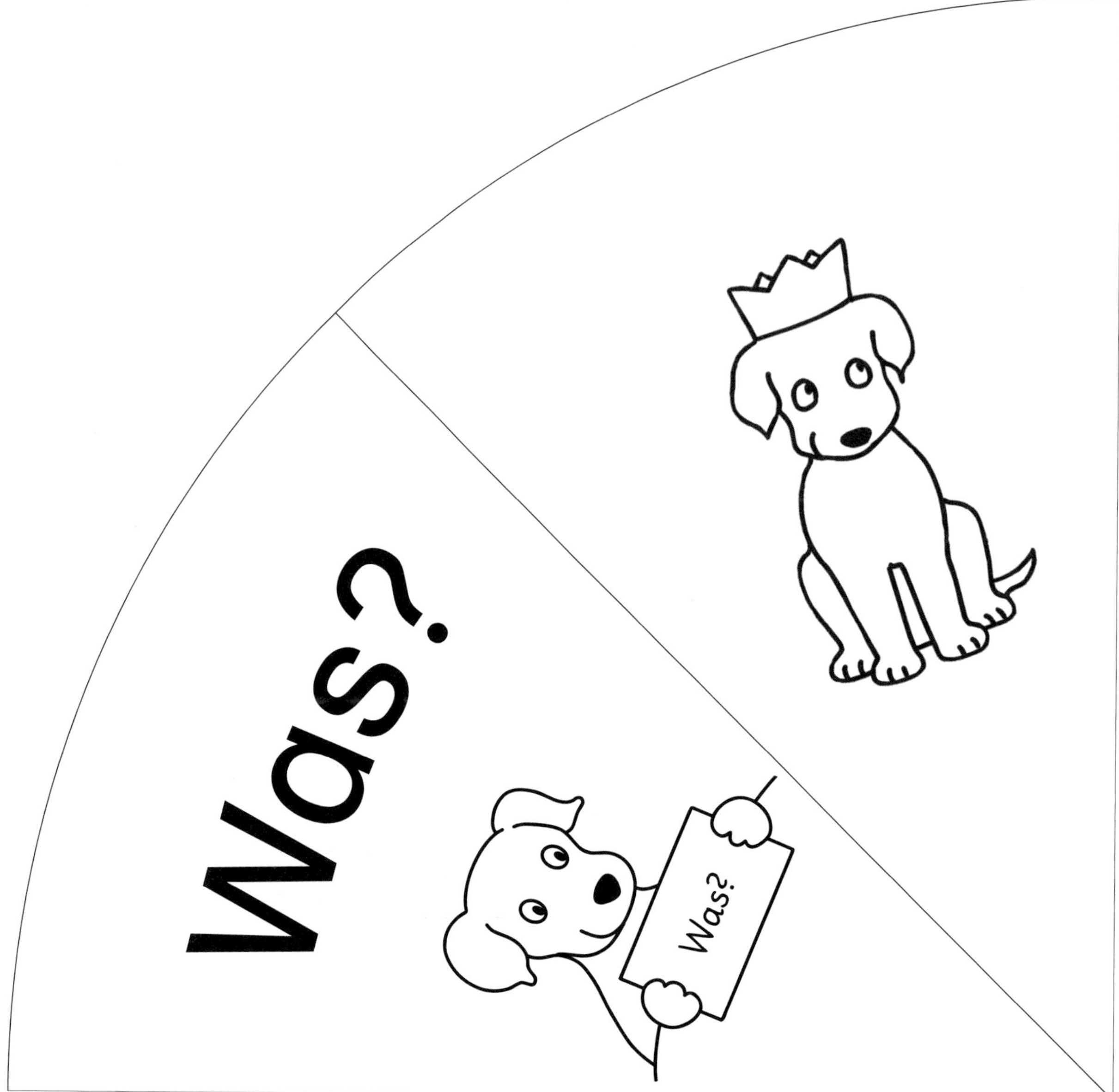

Vorlesen für den Hund

Beim „Vorlesen für den Hund“ hat der Hund die passive Rolle des Zuhörers. Dies ermöglicht den Kindern das Vorlesen in entspannter und wertfreier Atmosphäre. Für das Vorlesen für den Hund kann eine bestimmte Decke genutzt werden, damit Kind und Hund wissen, dass nun Vorlesezeit ist. Das lässt sich zum Beispiel in Freiarbeitsphasen oder Förderstunden realisieren.
Das Vorlesen sollte für die Kinder und den Hund ritualisiert sein. Es bietet sich zum Beispiel an, die Decke für den Hund immer an einen bestimmten Platz zu legen.
Als zusätzliche Motivation für die Kinder kann man das Buch oder den Vorlesetext des Monats anbieten. Am Ende kann der Hund eingebunden werden, indem er Fragen zum Buch überbringt/stellt.

Reflexion des Leseprozesses mit dem Hund

Bindet man die Kinder aktiv durch Kommunikation in die Reflexion des Lernprozesses ein, erkennt man sie auch aktiv als daran Beteiligte an.
Die Reflexion des Leseprozesses ist wichtig, da die Kinder so eine realistische Selbstwirksamkeitserwartung aufbauen. Dies begünstigt selbständiges, selbstgesteuertes und eigenverantwortliches Lernen. Werden eigene Stärken und Schwächen selbst erkannt, kann sich das positiv auf die Motivation, das Selbstwertgefühl und – als Konsequenz daraus – auch auf die eigene Leistung auswirken. Außerdem hat die Reflexionskompetenz einen positiven Einfluss auf die eigenständige Planung des Lernprozesses.
Auch an dieser Stelle des Lernprozesses kann die Einbindung des Hundes zusätzlich motivieren und bestärken.

Bodentargets

In der Mitte der Klasse liegen vier bis fünf Bodentargets, auf denen ein Satzanfang zur Reflexion (KV1) liegt. Ein Kind bewegt sich mit dem Hund zum entsprechenden Bodentraget und gibt ihm das Signal zum Daraufstellen. Wenn der Hund auf dem Target steht, vervollständigt das Kind den Satzanfang. Man kann den Hund auch zufällig zu den Bodentargets schicken und die Kinder müssen sich zu dem vom Hund ausgewählten Satzanfang äußern.
Alternativ zu den Targets kann man auch einen Würfel, ein Glücksrad oder Karten mit den Satzanfängen bestücken.

Mögliche Satzanfänge:

- Mir ist das Lesen heute leichtgefallen, weil…
- Mir ist das Lesen heute schwergefallen, weil …
- Der Hund hat das heute gut gemacht, weil … /
  Der Hund hat mir geholfen, weil …
- Ich habe mir gemerkt, …
- Ich fand interessant, …
- Das Lesen war für mich heute …

Einsatzform: Lesen mit dem Hund

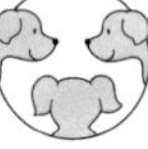

Setting: Klassenverband (Sitzkreis)

Material: Reflexion mit Bodentargets (KV1)

Aufgabe Hund: Bodentargets durch Daraufstellen anzeigen

Reflexion des Leseprozesses mit dem Hund

Zielscheibe

Mittels einer Zielscheibe wird ein bestimmter Aspekt der Stunde reflektiert, z. B. „Wie hat das Finden der Schlüsselbegriffe bei dir heute geklappt?“. Die Kinder legen an die entsprechende Zielscheibe ihre Leckerlis, die der Hund im Anschluss fressen darf.

Einsatzform: Lesen mit dem Hund

Setting: Klassenverband / Sitzkreis

Material: Reflexionszielscheibe (KV2), Karten „Reflexionszielscheibe“ (KV3)

Aufgabe Hund: abwarten (Impulskontrolle), fressen

Symbollöffel

Für diese Übung werden Holzlöffel mit Reflexionssymbolen bemalt. Die Kinder wählen den Löffel mit dem Reflexionsaspekt, zu dem sie etwas sagen möchten, und geben anschließend mit dem entsprechenden Löffel das Leckerli.

Hier ein paar Vorschläge, die nach Geschmack abgeändert oder ergänzt werden können:

Leckerli:	Das war gut …
Hundenase:	Darauf habe ich geachtet …
Hürde:	Das war heute schwierig für mich …
Brille:	Das Lesen hat mir heute gefallen / nicht gefallen, weil …

Einsatzform: Lesen mit dem Hund

Setting: Klassenverband (Sitzkreis)

Material: bemalte Holzlöffel

Aufgabe Hund: abwarten (Impulskontrolle), fressen

Reflexion des Leseprozesses mit dem Hund

Herzmomente

Bei dieser Übung wird der Fokus vor allem auf die guten und schönen Momente des Lesetrainings gelegt. Für jeden „Herzensmoment" bekommt der Hund ein Herzchenleckerli. Alternativ kann zum Abschluss der Stunde auch ein Plüschherz gebracht werden.

Satzanfänge, die helfen können, sind:

- Mir hat das Lesen heute gefallen, weil ...
- Ich fand das Lesen heute besonders, weil...
- Das Lesen mit dem Hund war heute schön, weil...

Einsatzform:	Lesen mit dem Hund
Setting:	Klassenverband (Sitzkreis)
Material:	Leckerlis in Herzform
Aufgabe Hund:	abwarten (Impulskontrolle), fressen

Strategieleckerlis

Der Fokus dieser Übung liegt auf der Reflexion der Lesestrategien. Die Lesestrategien, die in der Stunde zur Anwendung kommen sollten, liegen in Form von Satzstreifen in der Mitte des Sitzkreises. Die Kinder bekommen ein Leckerli und legen es auf die Strategie, die am besten funktioniert hat. Anschließend kann über die Gründe gesprochen werden, warum diese Strategie gut funktioniert hat und andere weniger gut.

Einsatzform:	Lesen mit dem Hund
Setting:	Klassenverband (Sitzkreis)
Material:	Leckerlis, Karten Reflexionszielscheibe (KV3)
Aufgabe Hund:	abwarten (Impulskontrolle), fressen

KV 1 Reflexion mit Bodentargets

Mir ist das Lesen heute leichtgefallen, weil …

Mir ist das Lesen heute schwergefallen, weil …

Mir hat heute beim Lesen geholfen, dass …

Der Hund hat mir heute geholfen, weil …

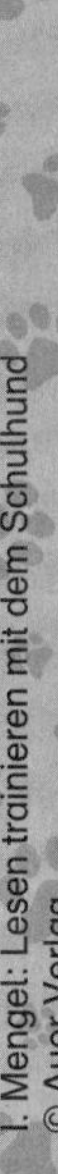

KV 1 Reflexion mit Bodentargets

Ich fand heute interessant …

Das Lesen war für mich heute …

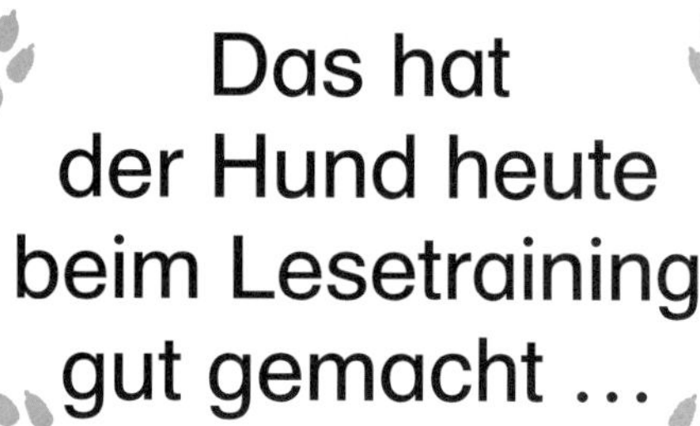

Das hat der Hund heute beim Lesetraining gut gemacht …

Das nehme ich mir für das nächste Lesetraining vor …

KV 2 Reflexionszielscheibe

(Für eine optimale Größe der Zielscheibe kann diese auf A3 ausgedruckt bzw. hochskaliert werden.)

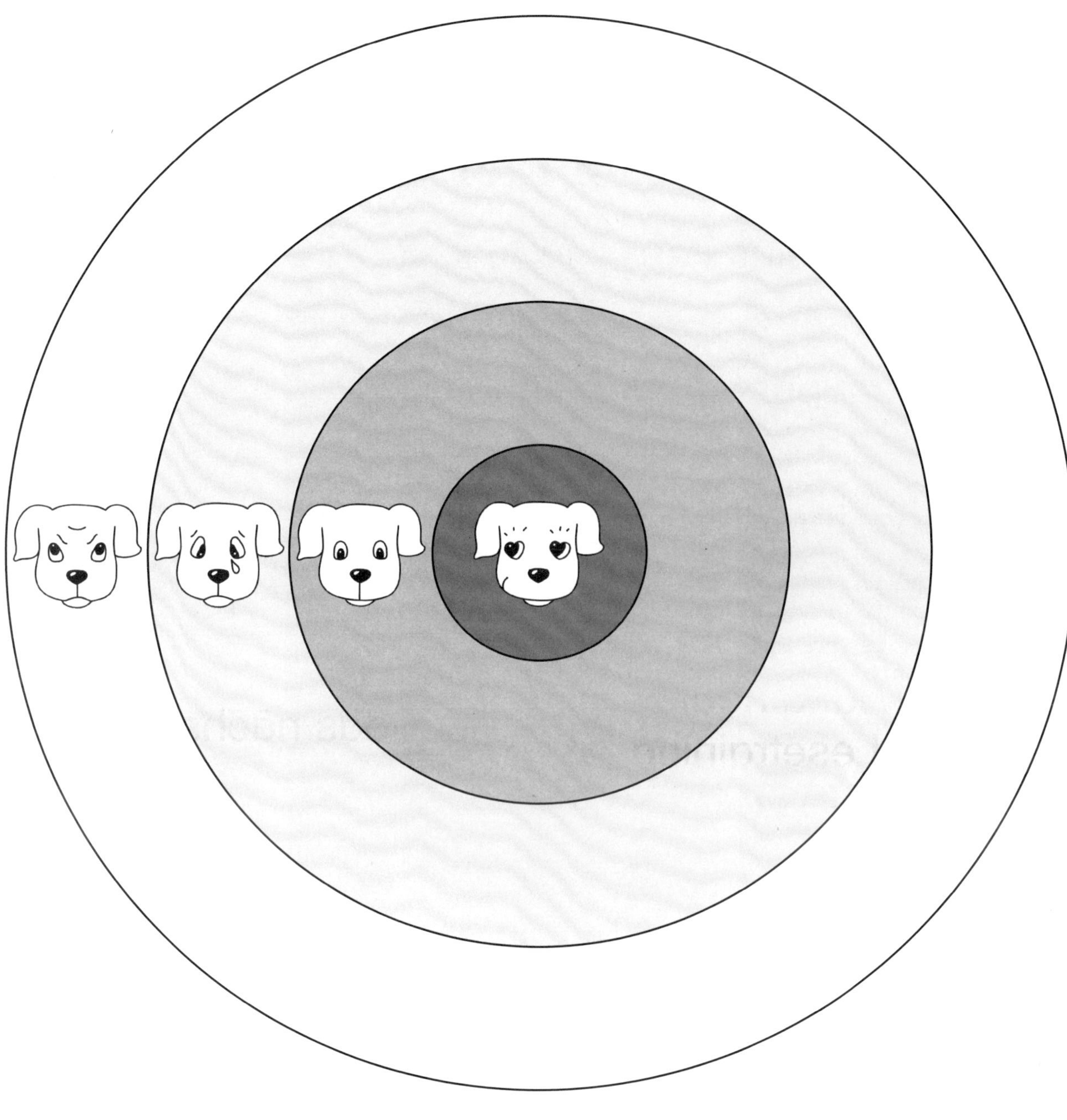

KV 3 Karten „Reflexionszielscheibe"

Schlüsselbegriffe finden
Überschriften finden
Abschnitte einteilen
Zwischenüberschriften finden
Text zusammenfassen
Fragen zum Text beantworten
unbekannte Wörter klären
Lesestrategien anwenden
Das Lesen hat mir heute Spaß gemacht.
______________ konnte mir heute beim Lesen helfen.
______________ hat heute gut gearbeitet.
Ich habe heute etwas Neues gelernt.